Das Toskana-Lesebuch

Impressionen und Rezepte aus dem Land von Kunst und Genuss

Zu diesem Buch

Wenn sich am Morgen sanft geschwungene Hügel aus den nebelverhangenen Tälern erheben, wenn die Zypressen hoch und erhaben aufragen, als wollten sie den Weg zum Himmel weisen, wenn dann die Sonne mit ihrem goldenen Glanz die Landschaft zum Erstrahlen bringt, wenn üppige Weinberge und Olivenhaine sie wie einen filigran gemusterten Gobelin erscheinen lassen, wenn am Abend die Sonne den Horizont über dem Meer mit Pastellfarben verzaubert und blutroter Wein aus den Karaffen fließt, dann sind wir in der Toskana angekommen. Sie ist das Land der Dichter, Maler und Bildhauer, der Humanisten und großen Denker. Seit Jahrtausenden haben die Menschen diese märchenhafte Kulturlandschaft geformt, sie ist ein einziges Gesamtkunstwerk aus Licht, Farben, Schönheit und Genuss. Dieses Buch führt Sie auf eine unterhaltsame Entdeckungsreise durch die Toskana.

Almut Irmscher wurde in Wuppertal geboren, sie wuchs in Velbert und im grauen Mönchengladbach der Siebzigerjahre auf. Heute lebt sie mit ihrem Mann und drei Kindern im Bergischen Land. Ihre Reisebücher erzählen von Land und Leuten, von Spezialitäten und Besonderheiten. Es sind Reiseerlebnisse für alle Sinne.

Taschenbuchausgabe, 2. Auflage Oktober 2015

ISBN-10: 1500960519 ISBN-13: 978-1500960513

Almut Irmscher

Das Toskana-Lesebuch

Impressionen und Rezepte

aus dem Land von Kunst und Genuss

Inhalt

Fotos aus der Toskana

finden Sie online im Fotoalbum auf

www.almutirmscher.de

Einführung

Wie kaum ein anderer Landstrich Europas hat die Toskana die Entwicklung der abendländischen Kultur in den vergangenen Jahrhunderten geprägt. Hier war es, wo Philosophen, Wissenschaftler, Dichter, Maler und Bildhauer die entscheidenden Anstöße dazu gaben, den Weg aus dem Dunkel des Mittelalters hin zur Neuzeit zu beschreiten und damit unsere heutige Welt überhaupt erst zu ermöglichen.

Es war die Epoche der Renaissance, der „Wiedergeburt“, die von Florenz ausgehend die Impulse gab, um ganz Europa aus dem mittelalterlichen Dornröschenschlaf zu reißen. Die kunstbegeisterten Medici förderten die schönen Künste, Freigeister lösten sich von den restriktiven Beschränkungen der verkrusteten Vorgaben althergebrachter Glaubensvorschriften. Die Philosophen des klassischen Altertums wurden wiederentdeckt, die Schönheit erlebte eine triumphale Rückkehr in das Leben der Menschen. Aufgeklärter Humanismus trat selbstbewusst neben die starren alten Gebote, erstmals erkannte sich der Mensch als Individuum und pochte auf sein persönliches Recht auf Glück.

Es war kein Zufall, dass diese Entwicklungen in der Toskana begannen. Denn dieses Land ist eine uralte Kulturlandschaft, geprägt von der eisenzeitlichen Villanovakultur, vom geheimnisvollen Volk der Etrusker und später vom nahegelegenen kosmopolitischen Rom.

Nachdem das antike Rom verblüht war, blieb die Stadt doch als Sitz der katholischen Kirche während des ganzen Mittelalters das wichtigste geistige Zentrum Europas. Hier pulsierte das Herz der Epoche, alle Wege führten nach Rom. Doch führten sie dabei auch unweigerlich durch die Toskana. Deshalb sammelte man hier während des gesamten Mittelalters Impulse aus ganz Europa – es war der Schmelztiegel, in dem die neusten Informationen des Kontinents zusammenflossen.

Ihre reiche Geschichte hat die Toskana zur kulturellen Schatztruhe Europas gemacht. Aber hier gibt es auch einige der schönsten Landschaften des Kontinents, es gibt köstliches Essen und wunderbaren Wein.

Dieses Buch erzählt Geschichten aus der Toskana. Es vermittelt einen Eindruck von diesem Land, ohne dabei den Anspruch auf die Vollständigkeit eines Reiseführers zu haben. Auflistungen von Adressen, Daten und Fakten suchen Sie hier vergeblich. Stattdessen finden Sie unterhaltsame Impressionen, einen lebendigen Bilderbogen sowie typische Rezepte, die Ihnen die Besonderheiten der Toskana näherbringen. Ein paar weiterführende Links helfen Ihnen bei Ihrer individuellen Reiseplanung, und auf

www.almutirmscher.de

erwartet Sie ein Fotoalbum mit vielen schönen Aufnahmen aus der Toskana.

Willkommen im Land von Kunst und Genuss –

Benvenuti in Toscana!

Politik im Weinglas – die Toskana-Fraktion

Die Landschaft erstreckt sich in weichen Wellen bis zum Horizont. Sie gleicht einem kuschelig ausgebreiteten Tuch, in das man sich behaglich zurückziehen möchte, oder der See, die ein wohliger Hauch zu sanften Wogen kräuselt. Auf einen der Hügel führt mit weitem, elegantem Schwung eine Allee aus würdevollen alten Zypressen hinauf, und oben thront im goldenen Licht der Abendsonne ein einsames Steinhaus. Unter seiner weinberankten Pergola steht ein Tisch, gedeckt mit Brot, Käse, Salami, Oliven und einer Karaffe feurigroten Weins.

Hier sitzt ein distinguierter Herr, hat sich gemütlich zurückgelehnt und lässt seinen Blick genießerisch über die weite Landschaft schweifen, über Weinberge und Olivenhaine, über Weizenfelder, deren Halme sich im Hauch der Abendluft leise wiegen. Genüsslich schmeckt der Mann dem Bouquet des Weines hinterher, senkt die Lider und schwelgt in Schönheit. Der Schönheit der Landschaft, der Düfte von Rosmarin und Thymian, der warmen Erdfarben, des köstlichen Essens, der Schönheit des Lebens an sich.

Vergessen ist aller Klassenkampf. Aus dem alten Rebellen der 68er-Bewegung ist ein Genussmensch geworden. Nach so viel Einsatz auf der Straße hat er sich seine Belohnung redlich verdient. Zufrieden denkt er an sein Lebenswerk. Er hat viel erreicht. Und nun beginnt der nächste Abschnitt. Von der APO in die bürgerliche Welt der Politik. Er hat noch große Pläne. Er ist Joschka Fischer, und er wird nicht als Steine werfender Demonstrant in die Geschichtsbücher eingehen, sondern als deutscher Außenminister.

Es muss gegen Ende der Achtzigerjahre des letzten Jahrhunderts gewesen sein, als der Begriff „Toskana-Fraktion“ in den Medien aufkam. Wer als erster davon geredet hat, lässt sich nicht mehr wirklich eruieren, doch mehrheitlich spricht man die Ehre Klaus von Dohnanyi zu, dem eloquenten Hamburger Bürgermeister der Achtzigerjahre. Wobei der in feingeistigen Kulturkreisen verkehrende SPD-Mann gut selbst in die so bezeichnete Fraktion hineingepasst hätte.

Gemeint war eine Gruppe von Politikern und Intellektuellen, die dem linken Spektrum der Gesellschaft zuzuordnen waren. Sie kamen aus dem Lager der 68er-Rebellen und hatten in den Achtzigerjahren eine Metamorphose vollzogen. Vom jugendlichen Revoluzzer hatten sie sich hin zur gemäßigten linken Mitte bewegt, die Rohdiamanten linker Ideale hatten sie zu vornehmen Brillanten abgeschliffen, die besser in die Colliers des bürgerlichen Vordenkertums passten. Deshalb ist die Zuordnung zur Toskana-Fraktion auch nicht etwa schmeichelhaft gemeint. Es schwingt dabei ein augenfälliger Spott mit, der die Selbstgefälligkeit und die Ermattung des Kampfgeistes der Betreffenden belächelt. Er kritisiert die alternden Revolutionäre, die den jugendlichen Idealismus gegen Bequemlichkeit und Genuss eingetauscht haben, die ihre Ziele und Ideale auf dem Altar des Wohlstands geopfert haben.

Die Toskana war in diesen Kreisen zum bevorzugten Urlaubsziel herangereift. Hier konnten die alternden Jugendprotestler ihre vom Revoltieren erschöpfte Seele baumeln lassen. Eine wundervolle Landschaft, Stille, eine jahrtausendealte Hochkultur und dazu die großartigen Köstlichkeiten der italienischen Küche, unbekannte Welten für die deutschen Kinder der Fünfziger- und Sechzigerjahre, für die der Gipfel kulinarischer Exotik im „Toast Hawaii" bestanden hatte.

Während der Großteil des gemeinen Volkes sich lärmenden Massenurlaubszielen zuwandte, fanden sich die Feingeister der linken intellektuellen Elite in der edlen Beschaulichkeit der Toskana wieder. Otto Schily, vom Terroristenverteidiger und frühen Mitglied der Grünen allmählich zum eher konservativen, wenn nicht gar reaktionären SPD-Mann geläutert, erwarb gleich ein ganzes Landgut bei Siena. Sein Parteigenosse Peter Glotz verbrachte jeden Urlaub in Castiglion Fiorentino, Oskar Lafontaine erwählte Capannori bei Lucca zu seinem bevorzugten Ferienort. Man sichtete die Österreicher Michael Häupl und Alfred Gusenbauer, beide Mitglieder der SPÖ. Auch Gerhard Schröder und Björn Engholm bezog man in die neu geschaffene Fraktion ein, obwohl Engholm nur ein einziges Mal in der Toskana war. Er fiel allenfalls durch italienische Designeranzüge und seine Vorliebe zu italienischen Weinen auf. Und Schröder machte Urlaub in Spanien, an der Nordsee oder in Positano. Es dauerte bis zum Jahr 2003, bis er erstmals in der Toskana gesehen wurde.

Allen voran wies man aber mit dem Finger auf die Riege der grünen Führungsschicht jener Jahre, auf Claudia Roth, Jürgen Trittin und Joschka Fischer. Deren augenfälliges Bekenntnis zu toskanischem Genuss irritierte ihre puristischen Anhänger und trug ihnen den Hohn der politischen Gegner ein. Hatten sie doch klar erkennbar ihre Lebensphilosophie radikal verändert, waren bürgerlich und faul geworden, was man zumindest Roth und Fischer auch äußerlich anzusehen glaubte. Ganz offensichtlich zogen sie wohl ein leckeres Bistecca alla Fiorentina, cremige Profiterole und ein feines Fläschchen Brunello dem politischen Einsatz deutlich vor.

Der Begriff „Toskana-Fraktion" wurde deshalb auch oft von Kritikern aus den eigenen Reihen der Betroffenen benutzt. Besonders in der SPD tat sich der eher spießbürgerliche Flügel damit hervor.

Es war eine Zeit, in der kleinbürgerlicher Mief in der westdeutschen Politik vorherrschte. Der durch die Wiedervereinigung hervorgerufene Aufbruch stand erst noch bevor. In Bonn regierte eine konservative Koalition, an deren Spitze Helmut Kohl mit Altherrenstrickjacke und seinem erklärten Lieblingsgericht „Pfälzer Saumagen" aus der guten Stube herausgrinste. Da war es nur natürlich, dass die jüngere Generation misstrauisch beäugt wurde, als sie aus dem staubigen Muff heraustrat und italienische Lebensart für sich entdeckte.

Und toskanischer Lebensstil ist keineswegs gleichzusetzen mit verschwenderischer Dekadenz und opulenter Völlerei. Ganz im Gegenteil. Das Besondere der Toskana liegt im Einfachen, Bodenständigen und Schnörkellosen, verbunden mit Stilsicherheit, Geschmack und Harmonie. Und verbunden mit einer einzigartigen Kulturlandschaft. Das alles übt eine Faszination aus, der man sich kaum zu entziehen vermag und macht die Toskana zu einem ganz besonderen Fleckchen Erde, voller Zauber, Anmut und Schönheit. Wer möchte sich da nicht der Toskana-Fraktion anschließen?

Begeben wir uns also auf eine kleine Entdeckungsreise durch die Toskana!

Frittata con pancetta – Omelett mit Speck

Zutaten für 4 Personen: *150 g durchwachsener Speck, ½ kleines Ciabattabrot vom Vortag, in Scheiben geschnitten (ca. 8 kleine Scheiben), 8 Eier, 8 El Milch, 1 rote Paprika, 1 Zwiebel, 2 kleine Tomaten, 8 hauchdünne Scheiben Lardo (weißer Speck aus Carrara), ½ Handvoll Basilikumblättchen, Olivenöl, Salz, Pfeffer*

Zubereitung: *Den durchwachsenen Speck in kleine Würfel schneiden, die Brotscheiben in Würfel von ca. 2 cm Kantenlänge schneiden. Paprika und Tomaten waschen, putzen und würfeln, Zwiebel schälen und würfeln. Die Lardoscheiben jeweils halbieren.*

In einer Pfanne etwas Olivenöl stark erhitzen und die Speckwürfel darin ausbraten. Dann Zwiebeln, Paprika und Brotwürfel zugeben und bräunen lassen.

Eier und Milch verquirlen, mit Salz und Pfeffer würzen und in die Pfanne geben. Die Tomaten über die Omelettmasse streuen. Mit dem Deckel verschließen und das Omelett stocken lassen, dann auf den Deckel gleiten lassen, gewendet zurück in die Pfanne geben und fertig braten.

Vor dem Servieren in der Pfanne in vier Teile teilen und sofort mit den Lardoscheiben belegen. Noch einmal Pfeffer darübermahlen, dann mit den Basilikumblättchen bestreuen und sofort servieren.

Dazu Salat und frisches Ciabatta reichen.

Berg- und Talfahrt – die Landschaften der Toskana

Sanfte Hügel, zypressengesäumte Wege, einsame Gehöfte. Dieses Toskanabild hatten wir schon im ersten Kapitel vor Augen. Es ist das gängige Toskanaklischee, aber die landläufige Vorstellung ist trügerisch. Denn die Toskana ist weit mehr und sehr viel differenzierter, als dieses malerische Bild uns vorzugaukeln versucht.

Es gibt sie, die verträumten Hügelchen, und zwar vornehmlich in der Gegend südöstlich von Siena. Hier liegen die sogenannten „Crete Senesi“, die „Tonerden von Siena“. Ihre Böden bestehen aus Tonmineralien, die durch die Erosion zu niedrigen, abgerundeten Hügeln geformt wurden. An den Südhängen sind sie oft von Furchen durchzogen. Dieses Land ist im Winter rau und bleich, im Frühling erstrahlt es lieblich hellgrün, im Sommer ist es von goldenem Weizen bedeckt und durch die Glut der Sonne ausgedorrt. Im Herbst leuchtet es dann in den verschiedensten Braun- und Ockertönen wie eine surreale Mondlandschaft. Bis auf vereinzelte Zypressen oder Pinien fehlen Bäume oder gar Wälder hier weitestgehend und lassen so Platz für endlos weite Felder, die sich über die welligen Hügel bis zum Horizont ausdehnen wie ein wogendes Meer aus Gräsern.

Das freilich war nicht immer so, früher erstreckten sich dichte Wälder über diese Hügel. Doch schon seit etruskischer Zeit wurden die Wälder abgeholzt, und schon im Mittelalter waren die Crete eine bis in den letzten Winkel hinein kultivierte Agrarlandschaft. Hier entstanden die Aufnahmen, die sich uns als „typisch toskanisch" eingeprägt haben. Doch die Crete sind nur ein winzig kleiner Teil der ganzen Toskana.

Obwohl die Toskana gar nicht übermäßig groß ist – sie ist nur unwesentlich größer als zum Beispiel Hessen – sind ihre Landschaften von faszinierender Vielfältigkeit. Im Norden liegen die Apuanischen Alpen, ein schroffes Gebirge, das zum nördlichen Teil des Apennin gehört. Die Gipfel ragen fast bis zu zweitausend Meter in die Höhe, was besonders spektakulär wirkt, weil das Meer gleich in der Nähe ist. Die oberste Gesteinsschicht besteht aus stark kalkhaltigen Sedimenten, die sich vor 200 Millionen Jahren ablagerten. Zu dieser Zeit befand sich hier ein tropisches Flachmeer. Dann kam die Kontinentalverschiebung ins Spiel, Eurasische und Afrikanische Platte drücken gegeneinander und türmten dabei gewaltige Berge auf. Ungeheure Kräfte wirkten auf die Gesteinsschichten, extremer Druck und hohe Temperaturen veränderten den Kalkstein und schufen daraus den größten Schatz der Apuanischen Alpen: den strahlend weißen Carraramarmor. Blickt man vom Strand aus auf die Berge, so möchte man meinen, ihre Gipfel seien schneebedeckt.

Als schmaler Streifen zieht sich die Küste der Versilia vor den Westhängen der Apuanischen Alpen zwischen Carrara und Viareggio entlang. Der Flachlandgürtel ist oft nicht breiter als vier oder fünf Kilometer, aber dicht besiedelt und bebaut. Hier reihen sich die Badeorte aneinander, denn der breite, feine Sandstrand der Versiliaküste ist schon seit vielen Jahrzehnten ein Magnet für Touristen. Entsprechend voll wird es zur Hauptsaison, wenn der schöne Strand in Parzellen unterteilt wird, die von Strandbädern bewirtschaftet sind. Dann reiht sich hier auf einem Streckenabschnitt von knapp 30 Kilometern Liegestuhl an Liegestuhl.

Zwischen Lucca, Pisa und Florenz zieht sich das breite, grüne Tal des Unterlaufs des Arno mit fruchtbaren Feldern und ausgedehnten Baumschulen dahin. Nördlich davon türmen sich die Berge des Apennin zur Garfagnana auf. Diese raue und ursprüngliche Landschaft, überzogen von endlosen Edelkastanien-, Pinien- und Steineichenwäldern, ist so ziemlich das Gegenteil des lieblichen Toskanaklischees. In den einsamen Dörfern scheint die Zeit irgendwann im Mittelalter stehengeblieben zu sein, auf Wanderungen begegnet man stundenlang, wenn es sein muss auch tagelang keiner Menschenseele. Entfernung hat hier noch einen Namen, auf den schmalen, kurvenreichen Straßen zeigt jeder einzelne Kilometer, was in ihm steckt.

Wenn der Gebirgszug des Apennin sich nun zunächst weiter in Richtung Osten erstreckt, um sich dann wieder südwärts zu ziehen, umschlingt er das Arnotal in einem weiten Bogen. So schützt er die Ebene vor kaltem

Nord- und Ostwind und schafft damit eine liebliche Landschaft, in der ein äußerst angenehmes Klima dem Pflanzenwuchs optimale Bedingungen verschafft.

Das merkten auch die Menschen schon früh, deshalb entstand hier Florenz, die Perle der toskanischen Kultur. Endlose Weinberge und Olivenhaine zeichnen ein bezauberndes Landschaftsbild. Hier liegt auch das nördliche Chianti, eine Region, die für ihre Schönheit und ihren Reichtum berühmt ist.

Im Osten erstreckt sich das Chianti bis in die Gegend von Arezzo. Dann verändert sich das Landschaftsbild allmählich, es wird geprägt von uralten Wäldern, mittelalterlichen Burgen und Dörfern sowie eigenwilligen Ecken wie den „Balze" im Valdarno, fantastisch anmutenden, bizarren Lehmformationen. Und obwohl die Region Arezzo einige der bedeutendsten Künstler der Toskana hervorgebracht hat, deren Spuren man selbst in den kleinsten Weilern des Gebietes begegnet, ist sie vom Tourismus noch weitgehend unberührt.

Südlich erstreckt sich das Chiantigebiet weiter bis in die Region Siena. Schon die Etrusker haben in dieser Gegend Wein angebaut, es ist eine uralte Kulturlandschaft im Herzen von Italien. Zentral gelegen, umgeben von bedeutenden Städten und durchzogen von wichtigen Reiserouten war es schon immer eine kosmopolitische Region, wohlsituiert, weltoffen und vielseitig. Die Jahrtausende haben ihre Spuren hinterlassen und diese Gegend zu einem der ältesten durch menschliche Zivilisation geformten Landstriche von ganz Europa gemacht.

Ganz anders ist wiederum die Gegend im Westen davon: die Maremma. Bis in die Neuzeit hinein war die Region im Südwesten der Toskana ein unwirtliches Sumpfland, in dem Malaria den Bewohnern zu schaffen machte. Das Interesse an der Region war entsprechend gering. Die östlich gelegenen Berge ließen das Regenwasser in die Maremma abfließen, hier sammelte es sich im weitläufigen Flachland und fand nur langsam den Weg bis zum Meer. Sümpfe und flache Binnenseen entstanden auf diese Art, wertloses Schwemmland und endlose Brackwassergebiete. Die Maremma war deshalb nur für die Viehzucht zu gebrauchen. Was wiederum zur Folge hatte, dass sich hier eine ganz besondere Hirtentradition entwickelte. Hier gibt es die Maremmano-Pferde, auf deren Rücken Maremma-Cowboys riesige Herden von weißen, langhornigen Maremmana-Rindern treiben, begleitet von ihren großen weißen Maremma-Schäferhunden.

Erst im 18. und 19. Jahrhundert vollendete man die Entwässerungsmaßnahmen. Heute sind weite Teile der Maremma durch Ackerbau, Weinberge und Olivenplantagen genutzt. Es gibt aber auch den großen „Parco Naturale della Maremma“, ein riesiges Naturschutzgebiet hinter den Küsten der Maremma. Diese Küstenlinie misst beachtliche 130 Kilometer bis hinunter zur mondänen Halbinsel Monte Argentario. Hier gibt es weite Sandstrände, felsige Buchten, vornehme Badeorte und einfache Fischerdörfer. Die Maremma ist der wilde Süden der Toskana.

Die ganze Toskana ist also im Norden und Osten durch hohe Berge begrenzt, im Westen durch das Meer und im Südwesten durch das ehemalige Sumpfland der Maremma. Das erklärt ihre besondere regionale Entwicklung, die durch diese Umgrenzung zustande kam. Das erklärt auch ihr angenehmes Klima im Schutze der hohen Gebirgszüge.

Doch führen auch alle Wege nach Rom, zumindest alle Landwege aus dem Norden Europas, mitten durch die Toskana. Deshalb war sie immer am Puls des europäischen Lebens. Sie ist ein altes Land voller Geschichte und voll von Geschichten.

Insalata di fagioli bianchi – Salat aus weissen Bohnen

Zutaten für 4 Personen: *500 g weiße Bohnen aus der Dose, 10 Cherrytomaten, 1 Zwiebel, 3 Knoblauchzehen, 1 Bund Basilikum, 10 El Olivenöl, 1 unbehandelte Zitrone, Salz, Pfeffer*

Zubereitung: *Die Bohnen in einem Sieb abspülen und gut abtropfen lassen. Die Zwiebel schälen und würfeln, Knoblauchzehen schälen und fein hacken. Die Tomaten waschen und vierteln. Basilikumblättchen abzupfen, waschen und grob hacken. Die Zitrone waschen und die Hälfte der Schale mit der Küchenreibe abraspeln (dabei nur den gelben Anteil verwenden, da das Weiße bitter schmeckt), danach den Saft auspressen.*

Olivenöl und Zitronensaft mischen, salzen, pfeffern und die Zitronenschale unterrühren. Nun mit allen Zutaten zusammen in eine Schüssel geben und gut vermischen. 1 Stunde lang im Kühlschrank durchziehen lassen, vor dem Servieren noch einmal gut umrühren.

Mit Ciabattabrot servieren. Der Salat eignet sich auch gut als Beilage zu einem Steak.

Auf der Pirsch – Jagdsaison in Forte dei Marmi

Ganz ehrlich? Ich habe noch nie verstanden, was die Leute an Forte dei Marmi so toll finden. Aber meine Freundin Francesca wohnt da, was soll ich machen? Deshalb bin ich trotzdem nach Forte dei Marmi gereist. Der Badeort an der Versiliaküste erscheint mir ziemlich gesichtslos, endlos ziehen sich Straßen unter hohen Pinien dahin, an denen Strandhäuser verborgen hinter Mauern und Hecken liegen. Von der Uferpromenade aus kann man das Meer nicht sehen, denn es liegt versteckt hinter zahllosen Strandbädern. Da muss man erst einmal Eintritt bezahlen, um ans Wasser zu kommen. Ab und zu gibt es auch kleine öffentliche Parzellen, hier drängen sich alle, die nicht dazu bereit sind, mehrere Scheine für die Tagesmiete eines Sonnenschirms mit zwei Liegen hinzublättern. Zumal man den Bädern von außen gar nicht ansieht, was sie zu bieten haben und was sie dafür verlangen.

Francesca sieht das alles ganz anders. Ihr gefällt das mondäne Ambiente von Forte dei Marmi. Sie seufzt hingebungsvoll, wenn mal wieder ein superteurer Sportwagen vorbeifährt, der vermutlich einem der zahlreichen betuchten Russen gehört, die so gerne den Sommer in Forte dei Marmi verbringen. Francesca betreut Ferienhäuser für eine ortsansässige Agentur. Die Häuser, die an Oligarchenfamilien aus Russland vermietet werden, kann man aber nicht ernsthaft als „Häuser“ bezeichnen. Es sind Villen in bester Lage nahe am Meer, hinter hohen Zäunen und Zypressenhecken versteckt, und für einen dreimonatigen Aufenthalt werden locker mal so eben 180.000 Euro und mehr bezahlt. Aus der Portokasse vermutlich. Für den reservierten Platz im feinen Strandbad wird dann noch einmal ein Betrag im hohen fünfstelligen Bereich fällig. Letztens erzählte Francesca von einer Familie, die mit dem Privatflugzeug aus Moskau herbeigeflogen war. Aber der Familienvater hat es vorgezogen, mit seinem Auto anzureisen. Einem Ferrari. Damit hat er die ganze Strecke von Moskau nach Forte dei Marmi zurückgelegt. Francesca war sehr beeindruckt.

Francesca gefallen auch die schicken Boutiquen der Edeldesigner, die allesamt in Forte dei Marmi vertreten sind. Die elitären Sommerfrischler brauchen ja standesgemäße Einkaufsmöglichkeiten. Für Francesca bleibt es freilich beim Schaufensterbummel. Ihr schmales Gehalt lässt für solche Extravaganzen keinen Raum. Das ist aber nicht weiter schlimm, denn Francesca weiß, wie sie trotzdem an Nobelklamotten kommen kann. Man braucht nur etwas Jagdgespür, muss früh aufstehen und schnell genug sein.

Jeden Mittwoch und im Sommer auch sonntags findet in Forte dei Marmi der große Mercato statt, der Markt. Da gibt es ein paar Blumen und Kräuter, in erster Linie aber Kleidung, Schuhe und Taschen, Hüte, Tischdecken, Handtücher, Bettwäsche, Gürtel, Haushaltswaren und sonstigen Krimskrams.

Ich war nicht unbedingt begeistert, als Francesca mich an einem Mittwochmorgen im Juli bereits in aller Frühe aus dem Bett scheuchte. Schließlich hatte ich Urlaub! Aber nein, sagte sie, *chi dorme non piglia pesci*, was so viel heißt wie: „Der frühe Vogel fängt den Wurm". Nur wer unter den Ersten ist, dem winken die besten Schnäppchen.

Also schwangen wir uns aufs Fahrrad und fuhren ins Zentrum von Forte. Das Fahrrad ist hier das Fortbewegungsmittel der Wahl – es sei denn, man hat einen Ferrari, versteht sich. Es gibt Radwege, man kommt überall durch und kann problemlos parken.

Tatsächlich waren die Stände morgens um kurz vor acht schon komplett aufgebaut und die ersten Schnäppchenjäger bereits auf der Pirsch. Der Markt von Forte dei Marmi ist nämlich im weiten Umkreis dafür bekannt, dass hier edelste Designerklamotten für kleines bis kleinstes Geld verscheuert werden. Und zwar nur echte Ware, nicht die billigen Imitate, die von den an allen Ecken lauernden Schwarzhändlern verscherbelt werden.

Es sind meist Modelle aus der letzten Saison, die keinen Käufer gefunden haben und in den edlen Boutiquen Platz für den Dernier Cri machen müssen. Mir persönlich ist das ziemlich egal, wenn es heißt, dass ich für ein Jackett von Dolce & Gabbana nur läppische dreißig Euro hinlegen muss. Begeistert halte ich das schöne Stück in die Höhe, um es Francesca zu zeigen. Sie nickt anerkennend, tadelt mich aber, als sie hört, was ich bezahlt habe. Ich hätte handeln müssen! Dann hätte ich das Ding auch für zwanzig Euro bekommen, sie kennt sich da aus. Mehr hat sie für die raffinierten schwarzen Schuhe von Tods, die sie gerade gekauft hat, auch nicht bezahlt.

Ich erwische noch ein T-Shirt von Gucci (fünf Euro), einen Gürtel von Fiorucci (zehn Euro) und ein Sommerkleid von Ralph Lauren (fünfzehn Euro). Für meine Freundin in Deutschland habe ich ein herrliches Nichts von einem Cocktailkleid entdeckt, Dolce & Gabbana, zwölf Euro. Mir ist es leider zu klein. Viele Sachen sind für zierliche Italienerinnen geschneidert.

Wobei ich letztere gar nicht entdecke, wenn ich mich so unter dem an den Wühltischen herumwuselnden Publikum umsehe. Es sind fast ausschließlich Frauen, meist schon mindestens in mittlerem Alter, es sind viele, und es werden jetzt mit jeder Minute mehr. Francesca hatte recht. Man muss früh sein. Und es ist gut, wenn man weiß, wo die besten Stände zu finden sind. Denn nicht jeder hat die begehrten Designerwaren.

Ich habe noch ein schönes Tuch von Prada gekauft (zehn Euro), dann entdecke ich einen Stand, der für kleines Geld wunderschöne Kaschmirpullover, -schals und -jacken anbietet. Da kann der nächste Winter kommen! An einem anderen Stand gibt es sensationell günstige Tischdecken, aber die brauche ich eigentlich nicht. Die Versuchung ist groß, einfach zuzuschlagen, weil es so billig ist. Aber ich reiße mich zusammen.

Da kommt Francesca strahlend auf mich zu, den ganzen Arm voller schneeweißem Leinen. Es sind Nachthemden, die sie für nur fünf Euro pro Stück ergattert hat, gleich sechs davon hat sie gekauft. Es sind historische Stücke, mindestens hundert Jahre alt, ungetragen, naturreines Leinen, Francesca ist begeistert. Ich betaste die Nachthemden kritisch. Sie sind bretthart. Wer braucht denn so etwas? Soviel zum Thema Kaufrausch.

Die Armani-Kinderjacke, die ich für meinen kleinen Sohn erwischt habe, ist wirklich bezaubernd. Normalerweise würde ich niemals Designerklamotten für Kinder kaufen, die doch spätestens nach einem Jahr nicht mehr hineinpassen, sodass man das teure Stück aussortieren muss. Aber bei der Jacke für zehn Euro kann man nichts falsch machen. Tatsächlich steht sie ihm ganz ausgezeichnet, er sieht richtig cool darin aus. Und es war ein echter Glücksgriff, denn die Jacke hat sage und schreibe drei Jahre lang gepasst! Der Kauf eines zauberhaften geblümten Sommerkleids von John Galliano für meine kleine Tochter erwies sich als weniger erfolgreich. Sie sah so süß darin aus, aber sie wollte es partout nicht anziehen. Wie schade!

Beladen mit Tüten und selig erschöpft kehren wir am späteren Vormittag in Francescas Haus zurück. Nun werden wir erst einmal in aller Ruhe unsere Beutestücke sichten, draußen auf der Terrasse im angenehmen Schatten der hohen Pinien, die auch in Francescas Garten wachsen. Ich bin wirklich begeistert. Und auf einmal finde ich Forte dei Marmi gar nicht mehr so schlecht…

Triglia con pinoli – Meerbarbe mit Pinienkernen

Zutaten für 4 Personen: *4 filetierte rote Meerbarben (à ca. 120 g), 50 g Pinienkerne, 50 g geriebener Parmesan, 30 g Paniermehl, 1 unbehandelte Zitrone, 2 Zweige Rosmarin, Pfeffer, Salz, Olivenöl*

Zubereitung: *Die Pinienkerne in einer beschichteten Pfanne ohne Fett goldbraun rösten und anschließend im Mörser fein zermahlen. Die Zitrone waschen und die äußere gelbe Schale mit der Küchenreibe abreiben. Die Rosmarinnadeln abstreifen und klein hacken.*

Nun die gemahlenen Pinienkerne mit der Zitronenschale, dem Rosmarin, dem Parmesan, dem Paniermehl und 100 ml Olivenöl vermischen, salzen und pfeffern. Die Fischfilets mit dieser Masse rundum bestreichen, dabei einen kleinen Teil der Masse übriglassen. Die Fischfilets 1 Stunde lang im Kühlschrank marinieren lassen.

Eine Auflaufform mit Olivenöl einfetten. Den Backofen auf 180°C erhitzen und die Auflaufform darin 5 Minuten lang vorheizen. Anschließend die Fischfilets in die heiße Auflaufform legen, mit der restlichen Pinienkernmasse bedecken und 15 Minuten lang im Ofen backen.

Die Zitrone auspressen und den fertigen Fisch mit dem Saft beträufeln. Mit Salat und knusprigem Weißbrot servieren.

Die chinesische Prinzessin und der Tod – Puccini am Lago di Massaciuccoli

Anlässlich meines Besuchs in Forte dei Marmi haben Francesca und ich auch das Puccini-Festival am Lago di Massaciuccoli besucht. Damit habe ich mir einen lange gehegten Wunsch erfüllt. Denn viele Jahre zuvor war ich bei einer Rundreise durch Norditalien zufällig auf dem Campingplatz am Ufer dieses Sees gelandet und hatte die große Bühne an seinem Ufer bemerkt. Als ich mich darüber informierte, erfuhr ich, dass hier alljährlich im Juli und August ein bedeutendes Festival stattfindet, das dem großen Opernkomponisten Giacomo Puccini gewidmet ist. Doch leider fand ausgerechnet an den drei Tagen, die ich dort verbrachte, keine Aufführung statt, und meine Hoffnungen, von meinem Lagerplatz aus den Klängen lauschen zu können, zerstoben zu Schall und Rauch.

Aber nicht so in jenem Jahr. Wir kamen in den Genuss einer Aufführung der Turandot in dem großen Freilufttheater, das 3.400 Zuschauern Platz bietet. Es ist ein romantisches Ambiente, das Seeufer, das in der abendlichen Dämmerung versinkt, die glitzernden Lichter, das elegante Publikum hier in Torre del Lago, vier Kilometer vom Strand der Versiliaküste entfernt. Vierzigtausend Besucher werden jedes Jahr von den hochkarätigen Aufführungen angezogen, bei denen die vier bis fünf Operninszenierungen der jeweiligen Saison gezeigt werden. Und das schon seit 1930.

Der große Komponist, dessen Eltern aus einem Dorf in den Bergen bei Pescaglia stammten, wurde in Lucca geboren. Irgendwann, er war schon ein recht erfolgreicher Musiker, entdeckte er den damals noch ziemlich verschlafenen Lago di Massaciuccoli und verliebte sich in das Gewässer. Er lebte seit 1891 in der Ortschaft Torre del Lago, die zwischen See und Meeresküste liegt. Im Jahre 1900, Puccini war bereits ein gefeierter Star der Opernszene, kaufte er eine Villa direkt am Seeufer, wo er fortan mit seiner Familie lebte. Er schuf dort seine musikalischen Werke und entspannte zwischendurch im Ruderboot auf dem See. Kurz vor seinem Tod im November 1924 soll er den Wunsch geäußert haben, einmal eine seiner Opern am Ufer des Lago di Massaciuccoli erklingen zu hören.

Er selbst konnte die Erfüllung dieses Wunsches nicht mehr miterleben. Puccini war ein Lebemann, er war süchtig nach Frauen, starken Motoren und nach Zigaretten. Letzteres wurde ihm zum Verhängnis, er erkrankte schließlich an Kehlkopfkrebs.

Seine Symptome hatte er zunächst nicht ernst genommen. Als Kettenraucher war er an chronische Bronchitis und ständige Heiserkeit gewöhnt. Erst als seine tiefe Bassstimme immer öfter in Tenorlage fiel, suchte er seinen Hausarzt in Viareggio auf. Der vermutete eine rheumatische Erkrankung und schickte den Meister zu einem Facharzt nach Mailand, der die Fehldiagnose bestätigte. Als sich Puccinis Zustand in den folgenden Wochen dramatisch verschlechterte, besuchte er schließlich einen Spezialisten in Florenz. Der entdeckte ein Krebsgeschwür in fortgeschrittenem Stadium, weihte aber nur Puccinis Sohn in die Diagnose ein. Dem Komponisten selbst verschwiegen sie das Ausmaß seiner Erkrankung.

Damals experimentierte man gerade mit Krebsbehandlungen durch Radium, dazu musste sich Puccini in eine Brüsseler Spezialklinik begeben.

Während der Bahnfahrt dorthin arbeitete er wie besessen an der Partitur der Turandot, seiner letzten Komposition. Er hatte die Absicht gehabt, diese Oper zur Krone seiner Schöpfung zu machen. Doch er ahnte durchaus die Bedrohlichkeit seines Zustandes. „Diese Oper vollende ich nicht“, befürchtete er.

Unter der Behandlung mit Radium verbesserte sich Puccinis Zustand zunächst. Die Ärzte gestatten ihm sogar, wieder zu rauchen. Für den 24. November war die operative Behandlung des Karzinoms angesetzt. Der Eingriff dauerte vier Stunden. Man spickte Puccinis Hals mit radiumhaltigen Hohlnadeln, die acht Tage lang dort steckenbleiben sollten und von einer Halskrause in ihrer Position gehalten wurden. Seinen üblen postoperativen Zustand linderte Puccini mithilfe eisgekühlten Champagners.

Doch das Leben schien für ihn nur noch sekundäre Bedeutung zu haben. Wichtiger war ihm die Fertigstellung seiner Oper. „Ich brauche noch zwölf Tage", teilte er den Ärzten bei der Visite mit.

Doch auch die Erfüllung dieses Wunsches war ihm nicht vergönnt. Schon vier Tage später brach er ohnmächtig zusammen, am 29. November starb der Meister.

Man brachte seinen Leichnam zurück an den Lago di Massaciuccoli und bestattete ihn in einer Wand seiner geliebten Villa. Die Gedenkrede im Mailänder Dom hielt der „Duce" Benito Mussolini persönlich. Die Opernwelt war zutiefst erschüttert. Denn Puccini war einer ihrer allergrößten Stars, eine Erfolgsgeschichte, die bis zum heutigen Tag angehalten hat. Puccinis Opern gehören nach wie vor zu den weltweit meistgespielten und meistgeliebten Werken des Genres. Der Dirigent Arturo Toscanini nahm sich der Turandot an und brachte sie anderthalb Jahre nach Puccinis Tod, am 25. April 1926, in Mailand zur Uraufführung. Die letzte Szene hatte er durch den Komponisten Franco Alfano vollenden lassen.

Dennoch brach Toscanini die Uraufführung nach dem Tod der Liù im ersten Bild des dritten Aktes ab, legte den Taktstock nieder, wandte sich dem Publikum zu und sagte nur leise: „Hier endet das Werk, danach starb der Maestro." Ergriffenes Schweigen erfüllte nach diesen Worten die Mailänder Skala, bis irgendjemand rief: „Viva Puccini!" Da brach ein tosender Jubel aus.

Den Opernfreunden bleibt das einzigartige Gesamtwerk des Meisters mit Opernhits wie La Bohème, Madama Butterfly, Manon Lescaut oder Tosca. Seine Villa am Ufer des Lago di Massaciuccoli ist heute ein Museum und kann besichtigt werden. Sein Lieblingscafé, das „di Simo" in seiner Heimatstadt Lucca, ist fast ganz genauso erhalten geblieben, wie es zu Puccinis Zeit gewesen ist. Auch Lucca würdigt seinen großen Sohn mit regelmäßigen Festivals.

An jenem Abend auf der Freilichtbühne am Lago di Massaciuccoli ging es nach dem Tod der Liù aber weiter mit Turandot. Die Oper schloss mit dem für das Genre seltenen Happy End, bei dem sich die grausame Turandot endlich zur sanftmütigen Liebenden wandelt und ihrem Kalaf in die Arme sinkt. Seit 2002 gibt es noch ein zweites Ende der Turandot, das Luciano Berio komponiert hat. Denn Puristen war das Ende Alfanos zu pompös und erschien ihnen nicht im Sinne Puccinis gehalten, der ein bombastisches Opernfinale ausdrücklich hatte vermeiden wollen.

Welches Ende dem Meister besser gefallen hätte, weiß ich nicht. Aber mit Sicherheit wäre er begeistert vom alljährlichen Festival am Lago di Massaciuccoli gewesen.

Buccellato di Lucca – Ein süsses Brot aus Lucca

Zutaten: *500 g Mehl, 100 g Zucker, 2 Eier, 20 g Hefe, ca. 200 ml Milch, 50 g Sultaninen, 50 g Butter, 2 Tl Anissamen, Salz, Mehl für die Arbeitsplatte, Zucker zum Bestreuen*

Zubereitung: *Die Hefe mit 2 El des Zuckers verkneten, bis sie flüssig geworden ist. Dann das Mehl und den restlichen Zucker in eine Schüssel geben und die Milch sowie die Hefe, 1 Prise Salz und 1 Ei unterarbeiten, bis ein fester Teig entstanden ist. Bei Bedarf noch etwas Milch nachgeben. Einige Minuten lang kräftig kneten, danach mit einem Küchentuch abgedeckt 1 Stunde lang an einem warmen Ort gehen lassen.*

Die Sultaninen in lauwarmem Wasser einweichen, anschließend gut ausdrücken. Den Teig nach Ende der Gehzeit noch einmal gut durchkneten und dabei Sultaninen und Anissamen einarbeiten.

Nun die Arbeitsplatte einmehlen und den Teig darauf zu einer langen Wurst rollen. In der Mitte falten und die beiden Wurststränge zu einem Hefezopf verflechten. Alternativ kann man auch einen Kranz aus der Teigrolle formen. An der Oberseiten mehrfach mit einem Messer einritzen, wieder abdecken und erneut 1 Stunde lang gehen lassen.

Den Backofen auf 180°C vorheizen. Das zweite Ei verquirlen und den Hefezopf damit bestreichen, anschließend großzügig mit Zucker bestreuen. Auf ein mit Backpapier ausgelegtes Backblech legen und ca. 1 Stunde lang im Backofen ausbacken, bis das Brot ein dunkles Goldbraun angenommen hat.

Es gibt ein Sprichwort in Lucca: „Chi viene a Lucca e non mangia il buccellato, è come se non ci fosse mai stato!“ – „Wer nach Lucca kommt und kein Buccellato isst, ist nie in Lucca gewesen!“

Die eingemauerte Vergangenheit – Lucca

Nun sind wir also auf den Spuren Giacomo Puccinis in Lucca angekommen. In der Tat begegnet einem der große Sohn der Stadt hier immer wieder, sei es als Bronzestatue, sei es auf Plakaten, die für Konzertveranstaltungen werben, sei es auf der Reproduktion einer alten Fotografie an der Wand eines kleinen Restaurants, von der aus er mit ernstem Blick auf die Gäste hinunterstarrt.

Es war irgendwann in meiner Kindheit, als ich zum ersten Mal nach Lucca kam. Mein Vater war sehr Italien-affin, und so befanden wir uns auf einer Entdeckungsreise durch die Toskana, stets unter der mit schulmeisterlich erhobenem Zeigefinger vollzogenen Leitung durch einen bildungsbeflissenen Baedeker-Reiseführer. Ich kann mich nicht mehr wirklich daran erinnern, wie ich Lucca damals empfand.

Aber ich erinnere mich sehr gut daran, wie beeindruckt mein Vater von Lucca war. Lucca, so stellte er fest, sei ja viel schöner als all die anderen toskanischen Städte, die wir auf unserer Rundreise besucht hatten. Schöner als Siena, schöner als Volterra, schöner als San Gimignano, ja, sogar schöner als Florenz.

Nun ja. Die Wertung möchte ich Ihnen selbst überlassen. Unbestreitbar ist Lucca mit seinem ausgedehnten historischen Ortskern eine beeindruckende alte Stadt. Das Herz von Lucca ist die Piazza San Michele vor der gleichnamigen romanischen Kirche, gerahmt von hübsch restaurierten mittelalterlichen Kaufmannshäusern.

Neben den insgesamt 99 Kirchen und Kapellen der Stadt ragt außerdem die Piazza dell'anfiteatro architektonisch heraus, ein markanter Platz, der auf den Grundmauern eines römischen Amphitheaters entstand. Hier gibt es kleinen Läden, manche davon verkaufen nach uralter Tradition hergestellte Stoffe, und außerdem Bars und Ristorantes, auf deren Terrassen man sitzen und dem Treiben auf der Piazza zuschauen kann. Die mittelalterlichen Gebäude, die die ellipsenförmige Piazza rahmen, sind allesamt in Gelbtönen gestrichen und glotzen mit ihren Fenstern und bogenförmigen Toren fast ein bisschen borniert auf die Platzmitte hinaus, so als würden sie sich darüber wundern, dass hier nach all den vielen Jahren noch immer das Leben pulsiert.

Das markanteste Bauwerk von Lucca ist aber ein anderes. Es ist der sagenhafte Stadtwall, der den gesamten historischen Ortskern umgibt. Es war im 15. Jahrhundert, als sich die Herren des seinerzeit mächtigen Lucca Gedanken drüber machten, wie sie sich in Zukunft gegen die aggressiven Expansionsversuche der Stadt Florenz besser schützen könnten.

So kamen sie auf die Idee, die ganze Stadt mit einem mächtigen Wall zu umgeben. Nein, nicht etwa mit einer traditionellen Stadtmauer. Es sollte eine massive Festungsanlage sein, mit integrierten Wehrgängen,

Kasernen, Zitadellen und Bastionen sowie nur wenigen, gut zu verteidigenden Toren, die Einlass in die Stadt boten.

Hundert Jahre Bauzeit waren hierfür erforderlich. Das Ergebnis ist ein in den Fundamenten etwa dreißig Meter breiter, von Mauern befestigter Erdwall, der sich nach oben hin bis zu einer Breite von mindestens zehn Metern verjüngt. Er ist zwölf Meter hoch und führt mit einer Länge von 4,2 Kilometern einmal rings um den Ortskern von Lucca herum. Man kann ihn begehen, und es ist ein ganz besonderer Spaziergang. Denn um den Wall zu befestigen, hat man einst Bäume darauf gepflanzt. Anfang des 19. Jahrhunderts merkte man dann, dass diese Bäume neben dem praktischen Nutzen auch der Zierde dienten, und so schmückt die Oberseite des Walls heute ein prächtiger Park mit würdevollen alten Platanen, Ulmen und Pappeln, aber auch exotischen Paulownien oder Tulpenbäumen. Dazwischen verläuft eine herrliche Promenade mit Gartenbänken, es gibt sogar ein kleines Café. Im Schatten der mächtigen Bäume wandert man ganz bequem um die Stadt herum und schaut dabei auf die Dächer der alten Häuser, Kirchen und Palazzi hinab, während sich im Hintergrund die Berge des Apennin erheben. Hier bummeln Spaziergänger und trainieren Jogger, hier werden die Hunde von Lucca ausgeführt, hier treffen sich die Liebespaare. Es ist übrigens auch eine sehr schöne Fahrradrundfahrt.

Während vor dem Wall das moderne Lucca mit lebhaftem Autoverkehr pulsiert, scheint dahinter eine Welt aus anderer Zeit zu liegen. Er umschließt ein vollständig erhaltenes Kleinod der Vergangenheit. Lucca ist eine etruskische Gründung, in der Sprache der Etrusker bedeutete „Luk“ nichts anderes als Sumpf. Später kamen die Römer und bauten Lucca zu einem mächtigen regionalen Zentrum aus. Das hatte Auswirkungen, denn bis weit ins Mittelalter hinein war Lucca die wichtigste Stadt der Toskana, noch vor Pisa und Florenz. Lucca war eine reiche Stadt, hier wurden kostbare Brokat- und Seidenstoffe hergestellt, außerdem genossen die Blattgoldschläger von Lucca großen Ruhm. Der Reichtum jener Zeit spiegelt sich noch heute in prächtigen Gebäuden und reich verzierten Fassaden.

Es war die Trockenlegung der Sümpfe im Tal des durch Lucca fließenden Serchio, mit der die Probleme der Stadt anfingen. Mit einem Mal waren die Verkehrswege nach Florenz im Landesinneren viel leichter zu befahren, Lucca verlor die Vorteile, die es durch seine Meernähe gegenüber der mächtigen Konkurrenzstadt gehabt hatte. Florenz blühte auf, Lucca hingegen zog sich hinter seinen Stadtwall zurück. Doch genau deshalb konnte es sich vermutlich seinen historischen Charme so gut bewahren.

Große Teile der Altstadt sind für den Autoverkehr gesperrt, hier ist – neben den Füßen – das Fahrrad bevorzugtes Fortbewegungsmittel. An der Via Fillungo, Luccas Flaniermeile, reihen sich moderne Boutiquen an alteingesessene Confiserien, Hightechläden an Antiquitätengeschäfte, Spezialitätenhändler an kleine Manufakturen. In kaum einer anderen toskanischen Stadt gibt es so viele traditionsreiche Handwerksbetriebe und Geschäfte, manche existieren schon seit Jahrhunderten. So ist zum Beispiel das Juweliergeschäft Carli schon mehr als 350 Jahre alt, der – noch immer genutzte - Tresor des Ladens stammt aus dem Jahr 1700 und wurde in Nürnberg hergestellt. Und den berühmten Bucellato, das süße Brot aus Lucca, kauft man am besten in der Konditorei Taddeucci, dort backt man es nämlich schon seit 150 Jahren.

Ein Besuch in Lucca ist also wirklich eine Zeitreise. Nur wenige andere Städte der Toskana haben sich ihr altes Gesicht so kompromisslos bewahrt wie Lucca. Vielleicht war mein Vater deshalb so beeindruckt?

Necci – Pfannkuchen aus Kastanienmehl

Zutaten für 4 Personen: *250 g Ricotta, 250 g Kastanienmehl, 1 Ei, Olivenöl, 1 Tl Zucker, 1 Tl Salz*

Zubereitung: *Das Mehl mit Salz und Zucker vermischen und anschließend langsam so viel Wasser unterrühren, bis ein dickflüssiger Teig entstanden ist. Eine halbe Stunde lang ruhen lassen, dann das Ei unterrühren. In einer beschichteten Pfanne Olivenöl erhitzen und jeweils so viel Teig hineingeben, dass ein dünner Pfannkuchen entsteht. Von beiden Seiten backen und nach und nach den gesamten Teig zu Pfannkuchen backen.*

Die Pfannkuchen mit dem Ricotta servieren. Nach Belieben kann man dazu auch noch Früchte, Nusscreme oder Marmelade reichen.

Fades Brot mit Speck – die Küche der Toskana

Haben Sie das letzte Rezept gelesen? Es ist ein ganz einfaches Bauernrezept aus der Garfagnana, der wildromantischen Bergregion nördlich von Lucca. Originalgetreu backt man diese Pfannkuchen nicht in der Pfanne, sondern auf langstieligen eisernen Schiebern über offener Flamme in einem Steinofen. Aber wer von uns hat schon einen holzbefeuerten Steinofen? Da kann man sich mit der Pfanne behelfen. Aber wie ist das mit den Zutaten? Kastanienmehl? Das klingt nun wirklich einigermaßen ungewöhnlich.

Die Wälder der Garfagnana, wir haben es bereits gehört, bestehen zu großen Teilen aus Edelkastanien. Da bot es sich für die Bauern und Hirten in dieser kargen und rauen Region natürlich seit jeher an, die wertvollen Esskastanien in den Speiseplan miteinzubeziehen. Man kann sie im Ofen rösten, glasiert oder in Wein gedünstet als sättigende Beilage reichen oder einen Risotto mit Kastanien zubereiten. Sie werden zu einem süßen Brotaufstrich verarbeitet oder aber zu Mehl gemahlen. Damit lassen sich dann viele Dinge herstellen, von Kuchen bis zu Nudeln, von Gnocchi bis zu Brätlingen oder eben Pfannkuchen wie den Necci, die in den Bauernfamilien entweder mit süßen oder auch mit pikanten Beilagen gegessen werden. Zwar ist die Verwendung von Kastanienmehl bei uns nicht an der

Tagesordnung, man kann das Mehl aber problemlos im Internet bestellen.

Die Küche der Toskana ist eine einfache und bodenständige. Hier wird nicht viel Schnickschnack betrieben, hier wird verwendet, was Region und Jahreszeit gerade zu bieten haben, und das große Glück der toskanischen Köche ist, dass ihr Land dabei nicht gerade kleinlich ist. Alleine schon die würzigen Kräuter, die hier allerorts gedeihen, wie duftende Rosmarinhecken, dicke Lorbeerbüsche, prächtiger Salbei, üppiger Thymian und saftiges, hocharomatisches Basilikum, machen es den Köchen leicht, ohne viel Aufwand Gerichte mit pfiffigen Geschmack auf den Teller zu zaubern.

Es gibt zahlreiche Spezialitäten in den verschiedenen Regionen der Toskana, wie die Kastaniengerichte der Garfagnana, wobei diese früher vor allem ein Armeleuteessen gewesen sind. Die Wälder der Garfagnana liefern auch ganz köstliche Steinpilze, die von den Pilzsuchern auf Märkten oder an Straßenständen ganz frisch verkauft werden. Getrocknet sorgen diese Bodenschätze der Garfagnana rund ums Jahr für pikante Würze von Risottos, Nudel- oder Fleischgerichten.

Das fruchtbare toskanische Land beschenkt seine Bewohner wie aus dem Füllhorn mit prächtigem Gemüse, saftigem Obst und würzigen Oliven, aus denen hervorragendes Öl hergestellt wird, die wichtigste Basis der toskanischen Küche. Mit dem Öl wird nicht nur gebraten, gekocht oder die Salatsauce angerührt, man isst es auch pur mit etwas Salz auf frischem Weißbrot. Denn das toskanische Olivenöl gilt als ganz besonders wertvoll. Es gibt davon 17 Sorten, die nach Regionen, Qualität und Geschmack unterschieden werden. Die geschützte Herkunftsbezeichnung Denominazione d'Origine Protetta, kurz DOP, garantiert hierbei den regionalen Ursprung des einzelnen Produktes. Die häufigsten Öle der Toskana sind Frantoio, Moraiolo, Leccino und Pendolino. Ölmühlen und Händler bieten Ölverkostungen an, dabei kann man selbst herausfinden, welches Öl man persönlich bevorzugt. Die Geschmacksunterschiede sind nämlich beträchtlich.

Vielleicht reicht man Ihnen dann zur Ölverkostung das Pane Sciocco. Dieses Brot ist eine Spezialität der Toskana, wenn man aber hört, dass es übersetzt nichts anderes als „fades Brot“ heißt, klingt das zunächst nicht gerade verlockend. Der Ursprung dieses Brotes liegt viele Jahrhunderte zurück. Es gab einen Streit zwischen Pisa und Florenz, das war im 12. Jahrhundert. Pisa, die Stadt am Meer, hatte Florenz immer mit Salz beliefert, doch im Zuge des Streites stellten die Pisaner ihre Lieferungen einfach ein. In Florenz wusste man sich zu helfen und backte das Brot ganz einfach ohne Salz. Diese Herstellungsart hat sich bis heute erhalten, denn das geschmacksneutrale Brot ist ganz hervorragend geeignet für Bruschetta, die mit Olivenpaste, Thunfisch, Gemüsecreme oder Tomaten belegten Röstbrotscheiben, in der Toskana übrigens auch „Fettunta“

genannt. Das Pane Sciocco passt auch wunderbar als Beigabe zu würzigen Speisen, zu Käse und Salami oder eben ganz einfach zu aromatischem Olivenöl.

Die toskanischen Küsten liefern reichlich Fisch und Meeresfrüchte in die Küchen, aus den Wäldern kommt Wild auf den Tisch und die weiten Weiden ermöglichen vielfältige Tierzucht. Deshalb gibt es eine große Palette von Fisch- und Fleischgerichten in der Toskana. Aber auch Hülsenfrüchte dienen als Eiweißlieferanten und finden sich in zahlreichen Rezeptvariationen.

Picken wir uns nun ein paar typische Besonderheiten der toskanischen Regionen heraus und betrachten sie etwas genauer.

Da ist zunächst die nördlichste Region, die von Massa-Carrara. In den Steinbrüchen des Carraramarmors gibt es eine ganz besondere Spezialität, den sogenannten Lardo di Colonnata. Dieser weiße Speck stammt von einer uralten Schweinerasse mit besonders dickem Rückenspeck und reift mit Lorbeer, Salbei, Wacholder und anderen Gewürzen in einer Wanne aus speziellem grobkristallinem Marmor, beschwert mit Marmorblöcken. Guter Lardo ist weiß bis leicht rosa und schmeckt angenehm nussig. Er wird hauchdünn aufgeschnitten, und da er zart schmelzend ist, zerfließt er auf einer warmen Unterlage wie geröstetem Brot sofort. Diesen Speck gibt es in den Bergen von Carrara schon seit der Antike, er war ein Grundnahrungsmittel der Arbeiter in den Steinbrüchen.

In der Ebene von Lucca und den Bergen der Garfagnana ist die Zweikornsuppe - „Zuppa di farro“ - ein beliebtes Gericht, sie gibt es wohl schon seit etruskischer Zeit. Das Zweikorn, auch Emmer genannt, ist eine uralte Weizensorte, eine der ältesten vom Menschen kultivierten Getreidearten überhaupt. Es ist anspruchslos und reich an Mineralien und Eiweiß. Die Zweikornsuppe ist ein deftiges Eintopfgericht aus der Küche der armen Leute.

Eine ihrer Verwandten ist die „Ribollita“, eine bäuerliche Gemüsesuppe. Der Name dieses Eintopfs heißt nichts anderes als „noch einmal gekocht“, denn ursprünglich bestand die Suppe aus Gemüseresten vom Vortag, die in eine Schüssel mit trockenem Brot gegeben, mit Zwiebelringen bedeckt und dann im Ofen erhitzt werden, bis die Zwiebeln schön goldbraun geworden sind. Heute gibt es eine Vielzahl von Rezepten, meist mit Kohl, weißen Bohnen, Kartoffeln, Möhren, Sellerie und Tomaten, aber immer mit Zwiebeln, Bauernbrot und Olivenöl.

Zwischen Massa und Livorno ist Kichererbsenkuchen ein beliebtes Gericht, je nach Region heißt er „Torta“, „Calda Calda“ oder auch „Cecina“. Der herzhafte Kuchen wird im Pizzaofen gebacken und in Scheiben angeboten.

In Livorno kommt „Cacciucco alla Livornese“ auf den Tisch, eine Suppe aus mindestens fünf Sorten Fisch, denn so viele „c“ sind im Wort „Cacciucco“ enthalten. Außerdem braucht man ein paar Meeresfrüchte und Brot.

Diese Fischsuppe ist nichts anderes als die toskanische Antwort auf die Marseiller Bouillabaisse. Hier, an der Küste der Toskana, färbt man auch gerne Nudeln und Reis mit der schwarzen Tinte von Tintenfischen. Angerichtet mit roter Tomatensauce, grünem Basilikum und weißem Reibekäse zaubert das eine intensive Farbenpracht auf den Teller.

„Scottiglia di cinghiale“ ist eine beliebte Spezialität der Maremma, ein Ragout aus Wildschweinfleisch. Das berühmteste Fleischgericht aus Florenz ist das „Bistecca alla Fiorentina“, ein gegrilltes T-Bone-Steak, das aus dem ganzen Zwischenrippenstück geschnitten wird. Die Scheiben bestehen aus Filet und Roastbeef, zwischen denen ein Knochenstück verbleibt, was dem Fleisch einen besonders intensiven Geschmack verpasst. Man grillt es über der Glut eines Holzfeuers, nur mit etwas Olivenöl, Salz, Pfeffer und Zitronensaft gewürzt. Dazu gibt es grüne Bohnen, Salat und Brot. Die Florentiner essen außerdem gerne Kutteln mit Tomatensoße und Parmesankäse, Bandnudeln mit Hasenfleisch, frittierte Artischocken oder Panzanella, einen sommerlichen Salat aus trockenem Brot, Tomaten, Basilikum und Olivenöl.

Um Siena herum gibt es dann viele Wildgerichte wie etwa Linsensuppe mit Fasan, gebackene Tauben oder Hase süßsauer. Hier bereitet man außerdem Nudeln mit Kichererbsen oder Hähnchen mit Oliven und Wein zu. Auch in der waldreichen Gegend von Arezzo gibt es ein breites

Spektrum von Wildgerichten, aber auch Schweineleber, Lamm vom Spieß oder Aal mit Erbsen. Wenn es nicht ganz so üppig hergehen soll, dann gibt es „Pappa di pomodoro“, eine Pampe aus Tomaten und altbackenem Brot. Andererseits verfeinern hier mitunter auch kostbare Trüffel die Speisen.

Weitere Spezialitäten aus der Toskana sind die Finocchiona, eine Salami mit Fenchelsamen, der Schafskäse Pecorino, den es in verschiedenen Reifegraden gibt, die „Biscotti di Prato“, ein Mandelgebäck aus Prato, die Mandelkekse Ricciarelli, die harten und süßen Cantuccini oder Sfratto aus der Provinz Grosseto, eine süße Teigstange, gefüllt mit Nüssen, Orangeat, Honig und Gewürzen. „Sfratto“ heißt „Zwangsräumung“, denn das Gebäck erinnert an eine traurige Geschichte. Ende des 17. Jahrhunderts erließ der Großherzog der Toskana ein Edikt, woraufhin die Juden aus Pittagliano ihre Häuser verlassen und in ein Ghetto nahe der Synagoge übersiedeln mussten. Zur Umsetzung dieser Vertreibung zogen Soldaten durch die Gassen und schlugen mit Stöcken an die Türen der Betroffenen. Ein Jahrhundert später kreierte ein jüdischer Bäcker den Sfratto, um an diese Zeit zu erinnern, denn die Gebäckstangen ähneln in ihrer Form den Stöcken der Soldaten.

Über die Grenzen der Toskana hinaus bekannt ist der Weihnachtskuchen Panforte aus Siena. Er besteht aus kandierten Früchten, Mandeln, Honig, Mehl, Zucker und

Gewürzen, traditionell soll er aus insgesamt 17 Zutaten gebacken werden. Denn beim berühmten Palio, dem Sieneser Pferderennen, treten 17 Contraden gegeneinander an, das sind die Stadtteile von Siena. Man erhält Panforte heutzutage rund ums Jahr und isst ihn gerne mit Vin Santo, dem süßen Dessertwein der Toskana.

Ach ja, der Wein... Was wäre die Toskana ohne ihre berühmten Weine? Sie würden dieses Kapitel nun überschwemmen und den Rahmen sprengen. Wenden wir uns also erst einmal ein paar anderen Geschichten zu und kommen dann später noch einmal darauf zurück.

Torta di ceci – Kichererbsenkuchen

Zutaten für 4 Personen: *300 g Kichererbsenmehl, 3 Zwiebeln, 6 Tomaten, 2 Knoblauchzehen, 1 Bund Frühlingszwiebeln, 1 El Tomatenmark, 100 g geriebener Pecorino, 150 ml Weißwein, 1 Bund Basilikum, Olivenöl, Salz, Pfeffer*

Zubereitung: *Das Mehl in einer Schüssel mit dem Pecorino, 2 Tl Salz, 750 ml Wasser und 2 El Olivenöl vermischen und anschließend abgedeckt 3 Stunden lang quellen lassen.*

Die Tomaten häuten, vierteln und entkernen. Zwiebeln und Knoblauch schälen, die Zwiebeln in Streifen schneiden, den Knoblauch fein hacken. Die Frühlingszwiebeln putzen, waschen, in Röllchen schneiden und unter den Teig rühren.

In einer Pfanne etwas Olivenöl erhitzen und Zwiebeln und Knoblauch darin goldbraun braten. Dann das Tomatenmark unterrühren und danach mit Weißwein ablöschen. Die Tomaten unterrühren, mit Salz und Pfeffer würzen und 30 Minuten lang bei schwacher Hitze köcheln lassen, bis die Flüssigkeit einreduziert ist.

Den Backofen auf 220°C vorheizen. Eine Springform mit Olivenöl einfetten und 5 Minuten lang im Backofen erhitzen. Dann herausnehmen, sofort den Teig einfüllen, glattstreichen und anschließend etwa 30 Minuten lang backen.

In der Zwischenzeit die Basilikumblättchen abtrennen, waschen und in kleine Stücke zerreißen.

Nach Ende der Backzeit den Kuchen aus der Form nehmen, in Stücke schneiden und sofort die heiße Tomatenmasse daraufgeben. Mit dem Basilikum bestreuen und servieren.

Grappa vom Papa – Begegnungen mit toskanischer Lebenskunst

Und was ist mit der Pizza? So fragen Sie vermutlich, nachdem Sie das letzte Kapitel gelesen haben. Sie wissen natürlich, dass die Pizza, das italienische Nationalgericht schlechthin, keine Erfindung der Toskaner ist. Sie stammt aus Neapel oder aus Rom, so ganz genau weiß man das nicht, denn die beiden Städte streiten sich verbittert um die Ehre. Ich halte mich da raus, aber ich muss gestehen, dass ich gerne Pizza esse. Und sie wäre nicht das italienische Nationalgericht, wenn man sie nicht auch überall in der Toskana gerne verspeisen würde. Da gibt es urige kleine Pizzerien, in denen köstliche dünne Teigfladen im Holzofen appetitlich geröstet werden, belegt mit ein bisschen Mozzarella, hausgemachter Tomatensauce und anderen schmackhaften Leckereien, seien es frische Steinpilze, deftige Salami, aromatische Auberginen oder Pecorinokäse vom Bauern nebenan. Die Möglichkeiten sind grenzenlos. Herrlich!

So dachte ich, als wir nach einer langen Wanderung am Abend nach Lucca zurückkamen. Die Kinder freuten sich wie die Schneekönige auf eine leckere Pizza, doch es war wie verhext, wir fanden in ganz Lucca keine einzige Pizzeria, bis auf eine wenig einladende Schnellbäckerei. Endlich, wir hatten schon aufgegeben, entdeckten wir an einer Ausfallstraße das rettende Schild „Pizzeria“.

Erleichtert gingen wir hinein, nur um auf der Karte zu lesen, dass es Pizza montags, mittwochs und freitags gebe. Dummerweise war es ein Donnerstag. Wir resignierten und begnügten uns mit Gnocchi.

Immerhin hatte es eine Speisekarte gegeben. Damit kann man nämlich nicht überall rechnen. Die großen Ristorantes in den Städten haben natürlich eine, vielfach sogar in mehreren Sprachen. Doch die kleinen Speiselokale auf dem Lande, die Trattoria oder Osteria heißen, haben oftmals einfach nur eine begrenzte Auswahl an Tagesgerichten. Da wird dann gegessen, was auf den Tisch kommt. Das allerdings ist in der Regel wirklich köstlich, zwar einfach, aber ganz frisch und lecker. Es gibt mehrere Gänge, und dazu locken noch frischer Schinken, Salami und Käse. Man darf sich getrost überraschen lassen, und wenn man Glück hat, hat die Köchin als Dessert noch cremige Profiterole, sahniges Tiramisu oder einen hausgemachten Karamellpudding zu bieten.

Nach dem Geheimtipp, wo es die beste Pizza gibt, fragt man am besten die Einheimischen. Ich hatte Glück, denn ich hatte ja Francesca. Sie wusste von einer Pizzeria oben an den Hängen der Apuanischen Alpen, von wo aus man einen weiten Blick über die Ebene der Versiliaküste genießt. Dieser Laden ist ziemlich groß und hat das in Italien so verbreitete Ambiente einer Bahnhofsgaststätte. Vor dem Eingang stehen einige uralte Spielgeräte herum, es sind Groschengräber, wo die Kleinen den Ritt auf einer wackelnden bunten Kuh oder die Fahrt in einem lärmenden Feuerwehrauto genießen können.

Die Pizzeria ist ein Familienbetrieb. Der Vater sitzt in der Vorhalle und schaut Fernsehen bei voller Lautstärke. Er tritt erst hinterher in Erscheinung, wenn es heißt, die Rechnung zu bezahlen, denn das ist sein Metier.

Der Sohn steht schwitzend an einem riesigen Holzofen im hinteren Bereich dieser Halle und grillt gigantische Stücke von Bistecca, die dann unter einem wahren Berg von Rucola vergraben serviert werden. Ein solches Fleischstück teilt sich dann am Tisch eine ganze Familie. Außerdem ist der Sohn natürlich auch für die Pizza zuständig, und er versteht sein Geschäft. Es ist die beste Pizza weit und breit.

Von der Vorhalle biegt man ab in den Gastraum, der ist riesig groß, schmucklos und vollgestellt mit Tischen. Im vorderen Bereich öffnet sich die Fensterfront hin zum wirklich tollen Panorama. An den Sommerabenden kreisen hier bei geöffneten Fenstern merkwürdige Lichtspiralen, die die Mücken fernhalten sollen, was aber nicht so wirklich gelingt. Schließen sollte man die Fenster aber auch nicht, denn es ist geradezu drückend warm im Gastraum. Alle Geräusche hallen hier gnadenlos wider, denn der Linoleumboden und die kahlen Wände verschlucken nichts davon. Die Neonröhren verbreiten dazu ihr trostloses Licht. Aber was macht das alles, wenn es die köstlichste Pizza der ganzen Versilia gibt?

Hinterher, wenn wir gesättigt sind und selig der Pizza hinterherschmecken, kommt die Mama vorbei, hält ein kleines Schwätzchen, und beschwingt bitten wir sie dann, zum Espresso noch einen Grappa zu servieren. Sie lächelt wissend und zwinkert Francesca zu. Die beiden kennen sich schon lange, Francesca ist Stammgast. Deshalb bekommt sie keineswegs den fuseligen Grappa aus dem Supermarkt. Nein, für Francesca und ihre Freunde gibt es den Hausbrand!

Ich habe beim ersten Mal wohl etwas verdutzt geschaut. Natürlich ist die Schwarzbrennerei auch in Italien verboten. Aber wo kein Kläger, da kein Richter, und vor allem *cane non mangia cane*, was so viel heißt wie „eine Krähe hackt der anderen kein Auge aus“. In den Dörfern keltert man überall seinen eigenen Wein, und aus dem Trester brennt man Grappa, was denn sonst. Francesca erzählt vom Polizeichef, der nach der Arbeit bei einem Bauern vorbeifährt, um sich dort den selbstgebrannten Grappa zu kaufen. Der ist nämlich nicht nur viel billiger als Grappa aus dem offiziellen Handel, er ist vor allem viel besser. Und tatsächlich: Der Grappa, der uns in der Pizzeria serviert wird, ist weich, mild und sehr aromatisch. Ich bin begeistert.

Den Grappa destilliert, so erfahre ich, der Opa, der mir bisher noch nicht aufgefallen war. Er sitzt mit ein paar anderen alten Männern in einer Ecke der Vorhalle und spielt Karten. Opa ist ein echter Grappaspezialist. Aber weil es viel griffiger klingt, nenne ich das hochprozentige

Getränk von nun an nur noch „Grappa vom Papa". Es gelang Francesca tatsächlich ein paar Mal, ihm ein Fläschchen davon abzuschwatzen. Eigentlich gibt er ihn nämlich nicht gerne ab.

Irgendwann war ich dann wieder einmal mit den Kindern in der Gegend. Ich hatte ihnen von der Pizza vorgeschwärmt und die ganze Familie freute sich auf einen Besuch beim Papa. Die Tischreservierung konnte man inzwischen tatsächlich online vornehmen, so viel Moderne hatte ich der Familie gar nicht zugetraut. Begeistert trafen wir an einem Sonntagmittag ein, aber wir hatten eine Kleinigkeit vergessen: Es war Ostersonntag! Der Laden war brechend voll.

Denn nach dem obligatorischen Kirchenbesuch muss ja gegessen werden, und weil niemand Zeit zum Kochen gehabt hat, geht man natürlich aus. Dicht an dicht standen die Tische, eng gedrängt saßen die Familien vom Uropa bis zum Kleinkind daran, und nach italienischer Art wurde lauthals durcheinandergeplaudert, wurden lärmend Stühle gerückt, schrien Kinder und tobten zwischen den Tischen herum. Der Geräuschpegel war unglaublich!

Pizza gab es nicht. Stattdessen wurde ein Ostermenü in mehreren, einheitlich festgelegten Gängen serviert. Aber die Enttäuschung über die entgangene Pizza schwand schnell. Denn das wuselig-chaotische italienische Feiertagsambiente war ein Erlebnis der ganz besonderen Art. Und geschmeckt hat es auch!

PANZANELLA – EIN BROTSALAT

Zutaten für 4 Personen: *etwa 200 g altbackenes Weißbrot oder Ciabatta, 30 reife Cherrytomaten, 1 rote Zwiebel, 1 Bund Basilikum, 4 Knoblauchzehen, 2 Tl Zucker, Rotweinessig, gutes Olivenöl, Salz, Pfeffer*

Zubereitung: *Das Brot in Würfel von etwa 2 cm Kantenlänge schneiden und auf einem Backblech verteilen. Die Knoblauchzehen fein hacken und darüber verteilen. Mit Olivenöl beträufeln und danach im auf 180°C vorgeheizten Backofen goldbraun rösten.*

Die Tomaten waschen und halbieren. Die Zwiebel schälen und fein hacken. Die Basilikumblättchen abzupfen, waschen und grob zerreißen.

Reichlich Olivenöl in einer Salatschüssel mit etwas Essig, dem Zucker, Salz und Pfeffer vermischen und abschmecken. Die Zwiebeln und Tomaten unterrühren, danach die Brotwürfel und das Basilikum dazugeben. Gut vermischen und vor dem Servieren noch zehn Minuten lang durchziehen lassen.

Ein brillanter Trotzkopf – Galileo Galilei

Papst Urban VIII. ging in seinem Arbeitszimmer auf und ab. Er hatte die Hände hinter dem Rücken verschränkt, seine Stirn lag in Falten. Urban war wütend. Seinen Ärger konnte er nur mühsam unter Kontrolle halten. Warum hatte es so weit kommen müssen?

Die Zeiten waren schwierig. Der Norden Europas war im Umbruch, überall erhoben sich ketzerische Reformatoren und stellten die Macht der Kirche in Frage. Verlogene Bastarde, die es wagten, die Lehre der heiligen römisch-katholischen Kirche zu kritisieren und ihm, dem Stellvertreter Gottes auf Erden, seine Allmacht abzusprechen. Es war ungeheuerlich. Nur mühsam war es den Dominikanern und den Jesuiten gelungen, zumindest in Italien für Ruhe zu sorgen. Hier war die Position der Kirche unangefochten, und darüber, dass das auch so bleiben solle, wachte akribisch die Inquisition.

Und nun musste dieser Querulant Galilei sich über die ihm auferlegten Regeln und Gebote öffentlich lustig machen. Der Papst hatte gar nichts gegen den Gelehrten aus Pisa gehabt, denn der war ein eloquenter und gescheiter Kopf. Man konnte wunderbar mit ihm diskutieren. Sechsmal hatte der Papst ihn empfangen und mit ihm über das kopernikanische Weltbild geredet, die These, dass nicht die Erde, sondern die Sonne im Mittelpunkt des Universums stehe. Das war natürlich Unsinn, aber immerhin ein interessanter Gedanke, über den man einen angeregten Disput führen konnte. Der Pisaner war schlau, er hatte allerhand Experimente gemacht und Erklärungen für Dinge herausgefunden, über die Urban noch nie nachgedacht hatte.

Galilei beschäftigte sich mit den Fallgesetzen und hatte im Dom von Pisa Versuche mit einem Pendel gemacht. Danach hatte er die schiefe Ebene erfunden und beobachtete Kugeln aus unterschiedlichem Material, wie sie sich beim Rollen darauf verhielten. Aufgrund dieser Studien hatte er als Erster die Beschleunigung wissenschaftlich beschrieben.

Außerdem hatte Galilei eine Art Rechenschieber erfunden und die Idee eines Holländers perfektioniert: das Fernrohr. Damit erreichte er schließlich eine bis zu 33-fache Vergrößerung, der militärische Nutzen war großartig. Der Pisaner beobachtete damit allerdings keine feindlichen Truppen, er richtete sein Fernglas in den Himmel. Hatte man bisher die Sterne nur mit bloßem Auge beobachten können, so eröffnete sich für den Pisaner erstmals ein völlig anderer Blick auf den Sternenhimmel. Er entdeckte Berge, Täler und Krater auf der Mondoberfläche, und die Milchstraße war gar kein Nebel, es waren tatsächlich unzählige Sterne! Es gelang Galilei, beim Planeten Jupiter vier Monde zu entdecken! Seine Erkenntnisse hatte er in einem Buch veröffentlich und war damit schlagartig berühmt geworden. So weit, so gut. Das alles wäre kein Problem gewesen.

Im Jahre 1604 hatte es eine Supernova gegeben, und Galilei behauptete, seine Beobachtungen würden beweisen, dass dieser Stern weit von der Erde entfernt sei, draußen bei den Fixsternen. Die Ebene der Fixsterne galt aber als unveränderliches Firmament. Wie konnte dort ein neuer Stern aufleuchten? Es war schon ein starkes Stück, die Unveränderlichkeit des kirchlichen Weltbildes in Frage zu stellen.

Aber es ging noch weiter. Mit seinem Freund, dem deutschen Wissenschaftler Johannes Kepler, hatte sich der Pisaner über die Beobachtungen ausgetauscht und war zu dem Schluss gekommen, dass das geozentrische Weltbild so nicht stimmen konnte. Dabei wusste man doch seit jeher, dass die Erde im Mittelpunkt der Welt stand!

Der Pisaner hatte mithilfe seines Fernglases herausgefunden, dass die Venus genau wie der Mond Phasengestalten hat. Das bedeutete wohl, dass die Venus zeitweise zwischen Erde und Sonne stehen musste, zu anderen Zeiten jedoch auf der anderen Seite der Sonne. Mit dem alten geozentrischen Weltbild des Ptolemäus war diese Entdeckung nicht zu vereinbaren.

Und dann hatte der Pisaner sein Fernrohr auf die Sonne gerichtet und Flecken auf deren Antlitz entdeckt. Das zumindest behauptete er. Eine Ungeheuerlichkeit! Denn die Sonne war doch von Gott vollkommen und perfekt erschaffen worden. Wie sollten da Flecken auf ihr sein?

Alles kein Problem, hatte der Pisaner gesagt. All diese Erkenntnisse ließen sich sehr wohl mit der Bibel in Einklang bringen. Man müsse sie nur entsprechend interpretieren. Und im Übrigen habe Luft ein eigenes Gewicht und sei keineswegs schwerelos, wie man es bisher angenommen hatte. Galilei wollte wohl einfach alles, was man wusste, über den Haufen werfen! Das war ganz schön arrogant.

Die Inquisition hatte sich inzwischen eingeschaltet und Galilei die Auflage gemacht, seine Idee vom heliozentrischen Weltbild immer nur als mathematisches Modell vorzustellen, keineswegs als ernstgemeinte wissenschaftliche Theorie. Doch der aufmüpfige Pisaner tat sich schwer damit, dieser Forderung nachzukommen.

Dabei war er ein brillanter Geist. Er hatte als Erster seine wissenschaftlichen Werke in italienischer Sprache verfasst, nicht wie bislang üblich in Latein. Damit wollte er seine Erkenntnisse einer breiten Öffentlichkeit zugänglich machen und eine allgemeine Diskussion anstoßen. Außerdem postulierte er, dass die Wissenschaft mit mathematischer Präzision betrieben werden müsse, womit er den Spekulationen der Alchemisten und der Astrologen eine klare Absage erteilte. Das sollte ihn zum Begründer der modernen Naturwissenschaften machen.

Schon lange hatte Papst Urban VIII. den Pisaner bewundert. Auch bevor er 1623 zum Papst gewählt worden war, hatte er ihn unterstützt und immer wieder ein Wort für ihn eingelegt, wenn Galilei zu vorwitzig gewesen war und es brenzlig wurde. Aber jetzt war er endgültig zu weit gegangen. Er hatte wieder ein Buch veröffentlicht, den „Dialogo“, und er hatte es gewagt, sich über die Forderung der Inquisition lustig zu machen, indem er zwar das geozentrische Weltbild am Ende seines Buches als das einzig richtige herausstrich, diese Erklärung aber einem offensichtlichen Dummkopf in den Mund legte. Es würde einen Prozess geben. Und an dessen Ende konnte nur der Tod durch den Scheiterhaufen stehen!

Am 22. Juni 1633 fand der Prozess gegen Galileo Galilei in der römischen Kirche Santa Maria sopra Minerva statt. Entgegen seiner tiefen Überzeugung schwor Galilei dem heliozentrischen Weltbild ab und entging damit dem Todesurteil. Stattdessen kam er mit lebenslanger Kerkerhaft davon. Ob er tatsächlich beim Verlassen der Kirche trotzig gesagt hat: „Und sie bewegt sich doch“, ist nicht bewiesen. Tatsächlich ist es wohl ziemlich unwahrscheinlich, denn es hätte ihn leicht den Kopf kosten können.

Galileo Galilei hatte Glück im Unglück. Die Kerkerhaft blieb ihm erspart, stattdessen stellte man ihn unter Hausarrest in seiner Villa im ländlichen Florentiner Stadtteil Arcetri. Hier verbrachte er die restlichen achteinhalb Jahre seines Lebens. Er durfte keine weiteren Werke veröffentlichen und nur begrenzt Besucher empfangen. Allerdings führte er einen ausgedehnten Briefwechsel mit Freunden und Wissenschaftlern im In- und Ausland.

Sein Gesundheitszustand war schon seit Langem nicht der beste gewesen. Hinzu kamen große Sehprobleme, 1638 erblindete er schließlich ganz. Seine ungeschützten Sonnenbeobachtungen dürften hieran nicht ganz unbeteiligt gewesen sein.

Es dauerte bis 1979, bis endlich durch Papst Johannes Paul II. ein Wiederaufnahmeverfahren angeregt wurde. Die Päpstliche Akademie der Wissenschaften nahm sich der Sache an und überreichte dreizehn Jahre später ihren Bericht. Und so konnte Galileo Galilei endlich im November 1992 seine vollständige kirchliche Rehabilitierung erfahren. Im Jahre 2008 bekräftigte der Vatikan dies noch einmal ausdrücklich und distanzierte sich vom Urteil der Inquisition. Denn dieses Urteil gegen Galilei hatte Papst Urban VIII. überhaupt nicht unterschrieben! Und mehr noch: Galileo Galilei soll jetzt sogar eine Statue im Vatikan erhalten.

Darüber hätte er sich vermutlich gefreut, denn Galilei war ein tiefgläubiger Mann. Noch mehr aber hätte er sich vermutlich über seine allgemeine Anerkennung in der Wissenschaft gefreut und darüber, dass er letztendlich mit fast all seinen wissenschaftlichen Erkenntnissen recht gehabt hat.

Penne con verdure d'estate – Penne mit Sommergemüse

Zutaten für 4 Personen: *400 g Penne, 150 g weiße Bohnen aus der Dose (abgetropft), 100 g frische grüne Bohnen, 4 Möhren, 4 Tomaten, 4 kleine Artischocken, 100 g Erbsen, 1 Zwiebel, 2 Frühlingszwiebeln, 2 Knoblauchzehen, 1 Zitrone, 1 kl. Bund Blattpetersilie, 8 Salbeiblätter, 1 kl. Bund Basilikum, Olivenöl, Pfeffer, Salz, geriebener Parmesankäse*

Zubereitung: *Die Zitrone auspressen und den Saft in eine Schüssel mit ½ l kaltem Wasser geben. Die Artischocken putzen, dabei Einmalhandschuhe tragen, denn ihr Saft verfärbt die Haut. Zunächst die Stiele ganz knapp am Blätteransatz abschneiden, dann das obere Drittel der Artischocken abschneiden. Als nächstes alle harten Blätter entfernen, sodass nur noch das Innere mit den weichen Blättern übrig bleibt. Die Artischocken nun längs vierteln und sofort in die Schüssel mit dem Zitronenwasser legen.*

Die grünen Bohnen waschen, putzen und in ca. 2 cm lange Stücke schneiden. Die Tomaten häuten und würfeln. Die Zwiebel schälen und würfeln, die Knoblauchzehen fein hacken, die Frühlingszwiebeln putzen und in Röllchen schneiden. Petersilien- und Basilikumblättchen abzupfen und zusammen mit dem Salbei fein hacken. Möhren putzen und in kleine Würfel hacken.

In einer große Pfanne reichlich Olivenöl erhitzen und zunächst die Zwiebel und den Knoblauch glasig anbraten. Dann Möhren, Frühlingszwiebeln, Bohnen und die abgetropften Artischocken hinzugeben und fünfzehn Minuten lang rösten. Anschließend die Erbsen, weißen Bohnen und Tomaten dazugeben, mit Salz und Pfeffer abschmecken und 8 Minuten lang bei geringer Hitze ziehen lassen.

In der Zwischenzeit die Penne in Salzwasser „al dente“ kochen. Durch ein Sieb abgießen, dabei eine geringe Menge des Kochwassers zurückbehalten. Die Nudeln zurück in den Topf mit dem Kochwasserrest geben und die Gemüsemischung aus der Pfanne unterheben. Zum Schluss die Kräuter dazustreuen und gut unterheben.
Auf tiefen Tellern anrichten und mit Parmesankäse überstreuen.

Schiuma di Vin Santo – Vin-Santo-Schaum

Zutaten für 4 Personen: *150 ml Vin Santo (toskanischer Dessertwein), 4 Eigelb, 100 g Zucker, 1 Vanilleschote, Saft von ½ Zitrone*

Zubereitung: *Die Eigelb in ein Metallgefäß geben, welches in einen etwas größeren Topf hineinpasst, in dem es später im Wasserbad erhitzt werden kann.*
Die Vanilleschote auskratzen und das Innere zu den Eigelb geben. Den Zucker dazuschütten und mit dem Handrührgerät schaumig schlagen, dabei nach und nach den Vin Santo hinzugeben. Ein paar Minuten lang kräftig weiterschlagen.
Nun das Metallgefäß ins heiße Wasserbad stellen. !0 Minuten lang mit dem Handrührgerät weiterschlagen, bis die Creme dick schaumig, aber noch immer locker ist. Zum Schluss den Zitronensagt unterschlagen, dann sofort servieren.
Nach Belieben mit Amaretti dekorieren oder auf Amaretti anrichten.

Warum gerade, wenn es auch schief geht? – Pisa und sein Turm

Galileo Galilei hat uns ein kleines Stückchen weiter in den Süden der Toskana geführt: in seinen Heimatort Pisa. Als er 1564 hier geboren wurde, lag die Zeit der großen Blüte schon hinter der Stadt. Sie war bereits in römischer Zeit ein wichtiger Hafen gewesen, denn Pisa lag direkt am Meer. Das fruchtbare Land hier im Delta des Arno ernährte die Bevölkerung, die dichten Wälder des Hinterlandes lieferten Holz für den Schiffbau. Aus den Steinbrüchen der Umgebung kam hochbegehrtes Baumaterial, das über den Hafen von Pisa in die anderen Städte des römischen Reichs abtransportiert wurde.

Pisas Lage war strategisch ausgesprochen günstig. Deshalb stieg Pisa mit seiner Flotte zu einer wichtigen Seemacht auf. Seine Bewohner avancierten im 11. Jahrhundert zu den ersten freien Bürgern ganz Italiens. Doch ständige kriegerische Auseinandersetzungen mit den Sarazenen und den rivalisierenden Städten Genua, Lucca und Florenz setzten der Stadtrepublik zu. Im 13. Jahrhundert kam es zu einer verheerenden Niederlage gegen Genua, im 14. Jahrhundert verlor Pisa seine Unabhängigkeit an Florenz. Zu allem Übel kam hinzu, dass die Mündung des Arno versandete. Pisas Hafen schwand dahin. Heute liegt das Zentrum der Stadt etwa zehn Kilometer vom Meer entfernt.

Und dennoch zählt Pisa zu den berühmtesten und meistbesuchten Städten der Toskana. Jedes Kind kennt sein berühmtes Wahrzeichen, den Schiefen Turm.

Es war im 11. Jahrhundert, als die Stadtherren von Pisa beschlossen, der damaligen Mode entsprechend ein repräsentatives Gotteshaus mit zugehöriger Taufkirche und Glockenturm zu errichten. Es war ein gewaltiges Projekt und sollte mehr als zweihundert Jahre Bauzeit beanspruchen.

Man wählte eine Wiese vor den Toren der Stadt als Standort für die Prachtanlage, und mehr als achthundert Jahre nach Baubeginn gab der exzentrische italienische Schriftsteller Gabriele d'Annunzio diesem Platz seinen Namen, unter dem er heute allgemein bekannt ist: „Piazza dei Miracoli", Platz der Wunder, nicht zu verwechseln mit dem „Campo dei Miracoli", der ist nämlich fiktiv und existiert nur in der Geschichte von Pinocchio (der übrigens auch ein waschechter Toskaner ist).

Geld war genug vorhanden, denn von den Sarazenen auf Sizilien hatten die Pisaner reiche Schätze erbeutet. Man entschied sich für den schneeweißen Marmor aus Carrara als Baumaterial und begann mit dem Bau des herrlichen Doms, der einen kreuzförmigen Grundriss hat und dessen Fassade aus dem 12. Jahrhundert als „Pisaner Romantik" zum Vorbild für zahllose andere Bauten in der Toskana geriet. Neben dem Dom errichtete man ab 1152 im gleichen romanischen Baustil das Baptisterium mit kreisrundem Grundriss. Es ist mit 54 Metern Höhe bis heute die größte freistehende Taufkirche in der christlichen Geschichte.

Gute zwanzig Jahre später legte man den Grundstein für das dritte Bauwerk der Anlage, den Glockenturm. Mit 55 Metern Höhe sollte dieser Campanile die prachtvolle Bauanlage knapp überragen und zu architektonischer Harmonie bringen.

Doch die mittelalterlichen Bauherren hatten eine Kleinigkeit übersehen. Die grüne Wiese, die sie sich für ihr gigantisches Projekt ausgesucht hatten, ist Schwemmland des Arno. Heute weiß man, dass der Untergrund aus einem antiken Hafenbecken besteht, das bei Baubeginn bereits versandet war. Hier baut man also buchstäblich auf Sand.

Die fatalen Folgen der Unkenntnis der Baumeister zeigte sich schon früh. Als man bei der dritten Etage des Turms angekommen war, begann er sich zu neigen. Die Bauherren erschraken zutiefst und ließen die Arbeiten umgehend einstellen. Hundert Jahre lang ruhte der Bau. Man grübelte und kam schließlich zu einem Ergebnis: Man würde die nächsten Stockwerke einfach leicht in die andere Richtung geneigt bauen, um somit die Schräglage des Turms auszugleichen. Also setzte man die nächsten vier Stockwerke schief auf den schiefen Turm. Zum Schluss kam das Glockenhaus oben drauf, das dauerte bis 1372. Aber die Glocken traute man sich nicht zu läuten, aus Angst, sie könnten den Turm zum Einsturz bringen.

Doch der Turm blieb stehen. Vorwitzig lugt er seitlich des Doms über die Piazza dei Miracoli, als wolle er schon einmal schauen, wer da so alles kommt. Denn die Besucher strömen in der Regel von Westen herbei, vorbei am Baptisterium und Dom werden sie über eine Fußgängerstraße zum Schiefen Turm geleitet, die dicht an dicht von Souvenirläden flankiert wird. Sie ist eine wahre Neppmeile.

Als ich in meiner Kindheit erstmals auf dem Platz der Wunder war, konnte man den Schiefen Turm noch ungehindert besteigen. Ich erinnere mich gut daran, wie abenteuerlich ich den Aufstieg auf den etwa 290 ausgetretenen Marmorstufen damals fand.

Der enge und düstere Spiralweg lässt die Neigung des Turms deutlich spüren, und das Gefühl im Magen wird mit jeder Stufe flauer, bis es sich zu einem ausgewachsenen Drehwurm gesteigert hat. Oben angekommen steht man dann leicht schwindelig auf der Plattform, und wenn auch ein Geländer vor dem Abgrund schützt, so ist doch der zentrale Teil des Glockenhauses dem gegenüber erhöht und man steht darauf gefühlt gleich über der Tiefe – und das auch noch schief!

Das ist nichts für Menschen mit Höhenangst, und so werden sie das herrliche Panorama über die Altstadt von Pisa, die Berge und das Küstenland kaum genießen können. Mit weichen Knien begibt man sich dann wieder an den Abstieg, und der ist noch ungemütlicher, als es der Aufstieg war. Da ist man froh, wenn man wieder festen Boden unter den Füßen hat.

Diesen festen Boden behielten alle Besucher Pisas seit Januar 1990 unter ihren Füßen. Denn damals sperrte man den Turm, weil die Schieflage bedrohliche Ausmaße angenommen hatte und man den Einsturz des Bauwerks befürchtete. Mit einer weltweiten Ausschreibung forderte man Baustatiker dazu auf, sich etwas einfallen zu lassen.

Man packte Bleibarren als Gegengewicht auf den Boden an der Turmseite, die sich nicht abgesenkt hatte. Erdanker unterstützten die Wirkung dieser Gewichte. Immerhin hatte man damit schon einmal die weitere Absenkung des Turms gestoppt. Dann versuchte man, den Untergrund mit Betoninjektionen zu stabilisieren, diese Maßnahme blieb aber erfolglos. Auch eine Vereisung des Bodens brachte nichts. Als nächstes spannte man Stahlseile an der Innenseite des Turms, um die Fundamente in der Neigungsrichtung zu entlasten. „Bretelle", Hosenträger, taufte man sie.

1999 entschloss man sich zum Einsatz einer Technik, die schon in den Sechzigerjahren bei einer Kathedrale in Mexiko erfolgreich gewesen war. Man entnahm dem Untergrund an der neigungsabgewandten Seite Erdmaterial, um den Turm auf diese Weise ein Stück weit wieder aufzurichten. Das Unternehmen war erfolgreich, um ganze 44 Zentimeter konnte der Schiefe Turm begradigt werden. Nun beträgt sein Neigungswinkel nur noch 4 Grad, an der Spitze des 14.500 Tonnen schweren Turms macht das einen Schiefstand von 3,9 Metern aus.

Und so gab man den Turm im Dezember 2001 auch wieder für Besucher frei. Halbstündlich dürfen bis zu vierzig Personen für die Dauer von dreißig Minuten hinauf, die Tickets sollte man zeitig vorher im Internet buchen.

Das machen wir, sagte ich mir enthusiastisch, denn ich wollte meinen Kindern das eindrucksvolle Erlebnis der Turmbesteigung nicht entgehen lassen. Als ich die Kleinen dann unbeschwert oben auf der Plattform herumtollen sah, während mir beim Anblick des Abgrundes das Herz fast stillstand, kamen mir starke Zweifel an meiner Idee. Auf den letzten Aufstieg bis ganz nach oben auf die Turmspitze habe ich dann auch lieber verzichtet. Ich war heilfroh, als wir wieder unten angekommen waren.

Nun, dachte ich, wenden wir uns von den ausgetretenen Touristenpfaden einmal ab und besuchen die gleich neben dem Platz der Wunder liegende Altstadt von Pisa. Hier gehen nämlich die meisten Besucher nicht mehr weiter. Die Altstadt von Pisa mit ihren gelb gestrichenen Häusern ist daher recht urtümlich geblieben, sie unterscheidet sich deutlich von den lebhaften Zentren der anderen toskanischen Städte. Pisa hat drei Universitäten, zwei davon sind Elitehochschulen. Fast die Hälfte der Bewohner sind deshalb Studenten, das sind an die 40.000 Personen.

Doch mein persönlicher Eindruck war, dass Pisa sich nicht unbedingt auf positive Art von Städten wie Lucca,

Siena oder Florenz unterscheidet. Es wirkt ein bisschen heruntergekommen und ungepflegt. Besonders nach dem hell strahlenden Glanz und der Pracht auf der Piazza dei Miracoli fällt dieser Gegensatz auf.

Aber vielleicht hatten wir auch nur einen schlechten Tag erwischt.

Scaloppine al limone – Kalbsschnitzel in Zitronensauce

Zutaten für 4 Personen: *4 dünne Kalbsschnitzel à ca. 160 g, 2 unbehandelte Zitronen, 2 Knoblauchzehen, 50 g Butter, 4 cl Vin Santo (Dessertwein aus der Toskana), 2 El Pinienkerne, 10 Blätter Salbei, Zucker, Salz, Pfeffer, Olivenöl*

Zubereitung: *Die Schnitzel waschen, trockentupfen und halbieren. Die Zitronen waschen, eine davon längs in Achtel schneiden und beiseitestellen. Von der anderen den gelben Anteil der Schale abreiben, danach auspressen. Die Salbeiblätter und die Knoblauchzehen grob hacken und mit 4 El Olivenöl, Zitronenschale und -saft verrühren. Die Schnitzel damit bedecken und 2 Stunden lang im Kühlschrank marinieren lassen. Die Pinienkerne in einer Pfanne ohne Fett goldbraun rösten und beiseitestellen.*

Anschließend die Schnitzel aus der Marinade nehmen und in heißem Olivenöl in einer Pfanne von jeder Seite 2 Minuten lang scharf anbraten. Aus der Pfanne nehmen, die Hitze reduzieren und nun die Marinade mit dem Vin Santo und der Butter in die Pfanne geben. Salzen und pfeffern und eine Prise Zucker hinzugeben. Gut verrühren und aufkochen lassen. Nun die Schnitzel wieder hinzugeben und kurz erwärmen. Auf Tellern anrichten und mit der Sauce begießen. Die Pinienkerne darüber streuen und jeweils zwei Zitronenachtel dazulegen. Mit frischem Weißbrot und Salat servieren.

Abstieg ins Paradies – Napoleon auf Elba

Alles war wie geschmiert gelaufen. Die Welt hatte der Gewalt des kleinen Mannes nichts entgegenzusetzen. Wie einst Alexander der Große – mehr als zweitausend Jahre zuvor – eroberte Napoleon sie im Sturmfeuer. Seine Macht war allumfassend. Frankreich liebte ihn, er war wie ein Gott. Und jetzt das.

Zwar war es seinen Truppen gelungen, mit einem blutigen Pyrrhussieg die russischen Truppen vor Moskau zu schlagen. Mehr als siebzigtausend Tote hatte es in einer einzigen Schlacht gegeben, aber am Ende war Napoleon triumphierend in Moskau eingezogen. Doch dann brannte die Stadt plötzlich, Hunger und Kälte verleideten den überlebenden französischen Soldaten ihren Sieg. Es war aussichtslos, sie mussten abmarschieren. Und der frostige russische Herbst gab ihnen auf dem Rückmarsch den Rest. Die Moral war dahin.

Napoleons besiegte Feinde in Europa witterten ihre Chance und formierten sich neu. Preußen, Russland, Österreich, Bayern und Schweden schmiedeten eine Allianz. Kurz vor der entscheidenden Schlacht schlossen sich auch noch Sachsen und Westphalen diesem Bündnis an. Die Völkerschlacht bei Leipzig wurde eine verheerende Niederlage für die Truppen Napoleons. Die Stimmung in Frankreich kippte endgültig.

An der spanischen Front begann der britische Militärführer General Wellington Druck zu machen. Napoleon musste dringend neue Soldaten rekrutieren, um dem standhalten zu können. Doch den Franzosen war die Lust an der Kriegsführung vergangen. Am 31. März 1814 siegten die Alliierten in der Schlacht bei Paris. Die Siegermächte zwangen Napoleon zum Abdanken und wiesen ihm die Insel Elba als neuen Wohnsitz zu. Vergeblich versuchte der erfolgsverwöhnte Eroberer in seinem Schock, sich das Leben zu nehmen.

Da man unterwegs Anschläge fürchtete, schaffte man ihn im April in der Verkleidung eines russischen Generals nach Elba. Es war doch eigentlich gar nicht so schlimm, denn Napoleon war keineswegs ein einfacher Exilant oder gar Feriengast. Nein, er war jetzt Herrscher über den Staat Elba mit immerhin zehntausend Einwohnern und einer tausend Mann starken Armee. Gut, verglichen mit einem Machtverbund, der von Frankreich ausgehend einen enormen Teil Europas mit Spanien, Italien, den Alpenländern, Österreich-Ungarn, fast dem ganzen deutschsprachigen Raum und Teilen Polens bis hin zur russischen Grenze umfasst hatte, war das Eiland mit seinen 224 Quadratkilometern natürlich ein Witz. Es war eine tiefe Demütigung.

Napoleon versuchte trotzdem, das Beste daraus zu machen. Er setzte umfassende Reformen in Gang, mit dem Ziel, das hinterwäldlerische Inselchen zu modernisieren.

Doch die Kleinkrämerei füllte den Kosmopoliten nicht dauerhaft aus. Mit Argusaugen beobachtete er die Entwicklung in Frankreich, und das Schicksal schien ihm wieder einmal wohlgesonnen. Denn die Franzosen waren mit seinem Nachfolger mehr als unzufrieden. Napoleon nutzte die Gunst der Stunde und die Macht seines Charismas. Seine Bewacher liefen zu ihm über, und mit wehenden Fahnen kehrte er schließlich nach Paris zurück. Nur rund zehn Monate hatte sein Exil auf Elba gedauert.

Das schlichte toskanische Landhaus auf Elba, die Villa San Martino, dessen Erwerb ihm seine Lieblingsschwester Pauline durch einen großzügigen Kredit ermöglicht hatte, blieb verwaist zurück. Das Haus liegt heute oberhalb eines klassizistischen Palasts bei Portoferraio, in dem sich eine Kunstgalerie befindet. Diesen Palast ließ der russische Fürst Anatolio Demidoff, Ehemann der Nichte Napoleons, 1851 errichten, um dem Anwesen Napoleons einen würdigen Rahmen zu verschaffen und seine persönliche Sammlung von Erinnerungsstücken an den Feldherrn zu beherbergen.

In der Villa San Martino selbst kann man heute die Wohnstatt des Exilanten besichtigen, Eingangshalle, Empfangszimmer, verschiedene Arbeitszimmer, Konferenzraum, Schlafzimmer und den Ägyptischen Saal, der zur Erinnerung an den Ägyptenfeldzug des Kaisers eingerichtet wurde, auch wenn dieser Feldzug erfolglos und zudem mit an die zwanzigtausend Toten verlustreich gewesen war.

Außerdem bietet die Villa einen herrlichen Blick über die Landschaft bis hin zur Bucht von Portoferraio.

Doch sie war nur als Sommerhaus Napoleons gedacht gewesen. Bei seiner Ankunft auf Elba hatte man ihn in einer mittelmäßigen Absteige in Portoferraio einquartiert. Hier war es laut und schmuddelig, deshalb begab sich Napoleon umgehend persönlich auf die Suche nach einem angemessenen Domizil. Er fand es in der Palazzina dei Mulini, einer auf einer Klippe gelegenen Villa mit herrlichem Blick über das Meer bis hin zum toskanischen Festland in der Ferne. An diesem Platz hatten zuvor vier Windmühlen gestanden, „Mulini", daher der Name des Hauses.

Als Napoleon auf Elba eintraf, war die Palazzina dei Mulini vielleicht das beste Gebäude von Portoferraio. Napoleon ließ es modernisieren und baute einen Empfangsaal, ein Theater sowie eine Panoramaterrasse an. Mehr war nicht drin, denn Napoleon war pleite. Und dennoch konnte sich sehen lassen, was er in den wenigen Monaten auf der Insel zustande gebracht hatte. Er liebte den Garten der Palazzina dei Mulini, und seine inzwischen nachgereiste polnische Geliebte erwartete ihn allzeit zum Tête-à-Tête in einer idyllischen Einsiedelei mit Blick auf seine Heimat Korsika. Napoleons Exilantendomizil war also augenscheinlich nicht ganz übel.

Zumal das zehn Kilometer vor der toskanischen Küste liegende Elba mit seinen zauberhaften Buchten, weiß-goldenen Stränden und dem glasklarem Wasser des tyrrhenischen Meeres ein hübsches Fleckchen Erde ist. Das hat sich herumgesprochen, denn seit den Sechzigerjahren des letzten Jahrhunderts zieht es die Reisenden auf die Insel, die – so klein sie auch ist – doch immerhin Italiens drittgrößte ist. Ihre Küstenlinie umfasst stolze 147 Kilometer. Die Jahresdurchschnittstemperatur liegt bei äußerst angenehmen knappen sechzehn Grad. Seit 1996 sind Teile der Insel als Nationalpark geschützt, um sicherzustellen, dass ihre Schönheit erhalten bleibt. Doch auch die Bewohner Elbas selbst legen äußersten Wert auf den Erhalt dieses Kleinods im toskanischen Archipel. Immobilienhaie hatten hier kaum eine Chance, Bettenburgen gibt es nicht.

Schroffe Granitfelsen und üppiges mediterranes Grün zeichnen das pittoreske Bild der malerischen Insel. Eine leichte Brise umweht das sonnenverwöhnte Land, uralte Bergdörfer ziehen sich an den Hängen empor. Elbas Landschaft ist unerwartet abwechslungsreich, das Leben wunderbar entspannt.

Wäre Napoleon doch besser auf der schönen Insel geblieben und hätte sich mit seinem kleinen Reich begnügt. Denn seine erneute Herrschaft über Frankreich währte nur hundert Tage. Machtbesessen, wie er war, hatte er erneut Soldaten ausgehoben und war gegen seine Gegner aufmarschiert. Sein Plan war es, diese wie in alten Zeiten nacheinander zu schlagen und Keile zwischen die Verbündeten zu treiben. Doch in der entscheidenden Schlacht kamen die Preußen unter Marschall Blücher den von Wellington geführten britischen Truppen gerade noch rechtzeitig zu Hilfe. Beim Dörfchen Waterloo, damals niederländisch, heute belgisch, sank Napoleons Stern endgültig.

Und statt zurück auf das liebliche Elba schaffte man ihn im Oktober 1815 nach St. Helena, einer völlig isolierten Vulkaninsel im Südatlantik, fast zweitausend Kilometer von der afrikanischen Küste entfernt. Hier gab es nichts mehr zu beherrschen. Auch seiner fortschreitenden Erkrankung vermochte er nicht Herr zu werden. Er starb fünfeinhalb Jahre später. Lange hieß es, er sei das Opfer einer allmählichen Vergiftung durch Arsen geworden. Obwohl man es vielleicht nie mit Sicherheit wird sagen können, legt die Forschung mittlerweile nahe, dass Napoleon an Magenkrebs starb. Ein Schicksal, vor dem ihm auch das schöne Elba nicht hätte bewahren können.

Marmellata di fichi - Feigenmarmelade

Zutaten: *2 kg reife Feigen, 1 kg Zucker, 150 ml Vin Santo (Dessertwein), Saft einer Zitrone, Zimt*

Zubereitung: *Die Feigen waschen und in Stücke schneiden. Die Hälfte davon in eine Pfanne geben und mit dem Zucker vermischen. Wasser aufgießen, bis die Früchte bedeckt sind, dann aufkochen und 20 Minuten lang unter Rühren kochen lassen. Nun die restlichen Feigen, Zitronensaft und Vin Santo hinzugeben, mit etwas Zimt würzen und weitere 20 Minuten bei schwacher Hitze köcheln lassen. Sofort in vorbereitete Schraubdeckelgläser abfüllen und die Gläser für 10 Minuten auf den Kopf stellen.*

Maremmana, Maremmano – der Cowboy und der Auerochse

Die Toskana ist ganz schön groß. Das merkt man spätestens, wenn man aus dem Raum Lucca im Norden zu einer Fahrt hinunter in den Süden aufbricht. Entscheidet man sich darüber hinaus nicht für die Küstenautobahn, sondern wählt die Landstraße, kann man sich auf eine mehrstündige Reise gefasst machen. Eine Reise, die allerdings durch herrliche Landstriche führt.

So war es schon längst Mittag geworden, als wir endlich die Maremma erreichten, voll von Eindrücken und wunderschönen Bildern, aber auch erschöpft von der mehr als vierstündigen Fahrzeit. Der Weg hatte uns durch toskanische Traumlandschaften geführt, über Castelfiorentino, Certaldo und Colle di Val d'Elsa mitten durch die großen Naturschutzgebiete südwestlich von Siena, über Grosseto bis in den Naturpark der Maremma. Vielleicht war es pure Erschöpfung, dass ich plötzlich auf einer Wiese neben der Straße eine Herde von Auerochsen ausmachte. Die Viecher sind schon lange ausgestorben, das weiß doch jeder.

Wir hielten an, um die urgewaltigen, massigen Geschöpfe näher zu betrachten. Die Tiere erwiesen sich tatsächlich als enorm groß, ihr Widerrist erreichte die Höhe eines mittelgroßen Erwachsenen. Ihre dicken Schädel waren mit kräftigen, bestimmt einen Meter langen Hörnern bestückt, die gekrümmt nach oben wiesen. Manche Tiere wirkten fast schwarz mit weißem Aalstrich, die meisten anderen erschienen beinahe weiß. Nase und Oberlippe waren miteinander verschmolzen, was ihnen einen spitzen, aber auch missgelaunten Gesichtsausdruck verlieh, mit dem sie unter ihren wilden Stirnlocken herauslugten. Ihre Rückenlinie erschien wie nach unten durchgebogen, weil Schulter und Nacken extreme Muskelpakete aufwiesen. Sie hatten sprichwörtliche Stiernacken. Wie gut, dass uns ein stabiler Holzzaun von den unheimlichen Rindviechern trennte.

Als wir gerade kopfschüttelnd zu unserem Auto zurückkehren wollten, um die Reise fortzusetzen, kam ein Reiter über die Wiese auf uns zu. Es war ein uriger Bursche mit Hut, Weste und langem Hirtenstab, der auf einem stämmigen braunen Pferd saß. Seitlich am Sattel war ein Lasso befestigt. Ein Cowboy hier mitten in Italien?

Ich nutzte die Gelegenheit und sprach ihn auf die merkwürdigen Auerochsen an. Meine Unwissenheit schien ihn zu amüsieren und bereitwillig erklärte er mir, dass es sich um Rinder der Rasse Maremmana primitivo handle, keineswegs um Auerochsen. Die seien nämlich ausgestorben, das wisse ich ja sicherlich. Die Maremmanas hingegen – und sein Blick schweifte voller Stolz über die kleine Herde – seien die ursprünglichen Hausrinder der Maremma. Zugegebenermaßen hätten sie sich viele genetische Merkmale des Auerochsen bewahrt. So viele, dass die Maremmanas sogar von Wissenschaftlern dazu genutzt würden, um den Auerochsen zurückzuzüchten. Er schüttelte leicht den Kopf. Offenkundig erschien ihm dieses Wissenschaftsprojekt so ehrgeizig wie überflüssig.

Unnötig, so fuhr er fort, denn die Maremmanas seien doch perfekt. Robust und genügsam kämen sie seit jeher mit dem kargen Sumpfland der Maremma gut zurecht, sie begnügten sich mit wilden Kräutern und Gräsern, was zur Folge habe, dass ihr Fleisch ausgesprochen köstlich sei, ja, er verstieg sich sogar zu der Behauptung, es sei das beste überhaupt. Die Bullen seien dunkel – damit wies er auf ein schwarzes Exemplar, das gerade in diesem Moment bedrohlich zu uns herüberschaute – die Kühe hell. Prächtige Tiere, nicht wahr?

Ich nickte verlegen und lobte sein Pferd, um von meiner Unwissenheit abzulenken und ihm eine Freude zu machen. Er richtete sich im Sattel ein wenig auf und erklärte sichtlich stolz, dieses Pferd sei eines der besten Maremmapferde der ganzen Gegend. Mit ihm habe er schon mehrere Wettkämpfe gewonnen.

Der Mann war nämlich ein Buttero, so heißen die berittenen Hirten der Maremma. Die Butteri sind nichts anderes als die Cowboys der Maremma. Einer uralten Tradition folgend hüten sie ihre urtümlichen Rinder zu Pferde. Als die Maremma noch weitgehend aus Sumpfland bestand, zogen die Tiere frei durch das riesige Gebiet. Auch die Maremmapferde lebten in freilaufenden Herden zusammen. Aufgabe der Butteri war es, diese Herden zu kontrollieren, zu zählen, zu treiben und einzelne Tiere herauszufangen. Einmal im Jahr mussten die Kälber und Fohlen eingefangen werden, um ihr Brandzeichen zu erhalten. Und das ist bis auf den heutigen Tag so geblieben.

Tatsächlich sind die Butteri Meister ihres Fachs. Das bekam Buffalo Bill zu spüren, der mit der Europatour seiner Wild-West-Show 1890 auch in Italien vorbeikam. Er forderte die Butteri zum Wettkampf heraus – und unterlag. Allerdings hatte man es versäumt, die Regeln vorab klar zu definieren, deshalb behauptete Buffalo Bill, man habe ihn betrogen, entwendete das Preisgeld und sah zu, dass er Land gewann.

Die Butteri führen bei der Arbeit ihr Pferd mit nur einer Hand am Zügel, mit der anderen halten sie ihren Hirtenstab, der „uncino“ genannt wird. Sie satteln ihr Pferd mit einer „bardella“, das ist ein einfacher Sattel, der ohne Baum auskommt, oder mit der bequemen „scafarda“, einem ehemaligen Militärsattel.

Bekleidet mit breitkrempigem Hut, weißem Hemd, Weste und langem Mantel sehen sie ganz genauso aus wie die Burschen, die man aus amerikanischen Westernfilmen kennt. Nur, dass ihr Alltag nichts mit Wild-West-Romantik zu tun hat. Es ist ein harter Job, bei dem es nur wenig zu verdienen gibt. Deshalb unterhalten die Butteri während der Sommermonate die Touristen mit Rodeo-Veranstaltungen und Reiterspielen oder lassen sich von ihnen für einen Tag bei ihrer Arbeit begleiten.

Die Maremmano-Pferde sind mittelgroß und kompakt, sie sind freundlich, ruhig, ausdauernd und ausgesprochen geländegängig. Kein Wetter ist ihnen zu ungemütlich, kein Weg zu lang. Diese Eigenschaften haben dazu geführt, dass die Maremmanos nicht nur für die Butteri unverzichtbare Begleiter sind, sondern mittlerweile von Wanderreitern in aller Welt geschätzt werden.

Ja, erklärte uns der Buttero weiter, hier in der Maremma verstehe man eben etwas von Tieren. Die Kultur seines Landes habe nicht nur die besten Rinder und die besten Pferde hervorgebracht, sondern auch die besten Hunde. Ich sah ihn zweifelnd an, verkniff mir aber eine kritische Bemerkung. Mein Zögern nahm er zum Anlass, um mit seiner Schilderung fortzufahren. Der weiße Maremma-Abruzzen-Schäferhund sei der mutigste und zugleich friedvollste Hund überhaupt. Seine Vorfahren hätten diese Hunde ursprünglich gezüchtet, um ihre Herden vor Wölfen und Bären zu schützen. Noch heute würden die Tiere ihre Aufgaben hervorragend meistern, auch wenn es – abgesehen von den Alpen – keine Bären mehr in Italien gäbe und die scheuen Wölfe längst keine große Gefahr mehr für die Herden seien. Niemand dürfe den Herden zu nahe kommen, die von einem solchen Hund bewacht würden. Auch Wanderer sollten da auf der Hut sein.

Schon als Welpe prägt man die Hunde auf die Tiere, die sie später zu bewachen haben, seien es Schafe, Rinder,

Pferde oder auch Geflügel. Das hat zur Folge, dass sie diese Schützlinge später als ihre Familie betrachten, sie können ihre Herde dann völlig selbständig bewachen. Prägt man sie aber frühzeitig auf eine Menschenfamilie, so sind sie die freundlichsten und verlässlichsten Familienhunde, die man sich überhaupt vorstellen kann. Und natürlich sorgen sie dafür, dass nichts und niemand ihrer Familie etwas zuleide tut.

Nun ja, beendete er schließlich seinen Vortrag und warf einen wissenden Blick in den Laderaum unseres Autos, wo sich unser eigener Familienhund, ein Collie, befand. Wir hätten uns ja auch für einen Hütehund entschieden, sagte er. Eine gute Wahl. Wenn auch nicht ganz so gut, wie es die eines Maremma-Abruzzen-Schäferhundes gewesen wäre, natürlich.

Dann nickte er noch einmal freundlich, schwang seinen Hirtenstab und setzte damit die Herde in Bewegung. Willig schoben sich die Kolosse über die weite Wiese hügelaufwärts, getrieben vom Buttero auf seinem braunen Pferd. Wir blickten ihnen noch eine Weile hinterher, und es kam uns vor wie das Ende eines alten Westernfilms, wenn man den „Lonesome Cowboy“ gen Horizont reiten sieht. Begleitet von melancholischer Musik entschwindet er dann einsam und allein in eine ungewisse Zukunft, immer dem Sonnenuntergang entgegen.

Pappardelle con scottiglia di cinghiale – Pappardelle mit Wildschweinragout

Zutaten für 4 Personen: *500 g Wildschweinfleisch, 500 g Pappardelle (breite Bandnudeln), 2 Zwiebeln, 3 Möhren, ¼ Sellerie, 3 Knoblauchzehen, 300 ml passierte Tomaten, 300 ml Rotwein, 2 Lorbeerblätter, 2 Rosmarinzweige, 2 Thymianzweige, 3 Salbeiblätter, 4 Zweige Blattpetersilie, Olivenöl, Salz, Pfeffer*

Zubereitung: *Das Fleisch waschen, trockentupfen, putzen und in Würfel schneiden. Zwiebeln, Möhren und Sellerie schälen und würfeln, Knoblauch schälen und fein hacken.*

In einem Topf Olivenöl erhitzen und das Fleisch darin kräftig anbraten. Wenn es gebräunt ist, Zwiebeln, Möhren, Sellerie und Knoblauch hinzugeben und kurz mit anbräunen lassen. Mit Salz und Pfeffer würzen. Mit Rotwein ablöschen, anschließend die passierten Tomaten unterrühren. Kurz aufkochen, danach die Hitze reduzieren. Lorbeer, Salbei, Thymian und Rosmarin hinzugeben, mit einem Deckel verschließen und 2 Stunden lang köcheln lassen, dabei gelegentlich umrühren.

In der Zwischenzeit die Petersilienblättchen abzupfen und grob hacken.

Die Papardelle gegen Ende der Garzeit des Ragouts in Salzwasser „al dente" kochen. Durch ein Sieb abgießen, zurück in den Topf geben, mit dem fertigen Ragout übergießen und es vorsichtig unterheben. Dabei Lorbeerblätter, Salbei, Thymian und Rosmarin entfernen.

Auf Tellern anrichten und mit etwas gehackter Petersilie überstreuen.

Die Magie der Königin – Besuch im Giardino dei Tarocchi

Wir hatten den weiten Weg von Lucca bis in die Maremma auf uns genommen, um den Giardino dei Tarocchi der französischen Künstlerin Niki de Saint Phalle bei Capalbio zu besuchen. Seit 1998 der Öffentlichkeit zugänglich, dümpelte der prachtvolle Fantasiegarten viele Jahre mehr oder weniger als Geheimtipp vor sich hin. Doch mittlerweile hat es sich herumgesprochen: Die als Schöpferin der üppigen, farbenfrohen Frauenfiguren, genannt „Nana“, berühmt gewordene Malerin und Bildhauerin hat dem Süden der Toskana ein ganz besonderes Kleinod vermacht.

Den Kindern gegenüber hatte ich das Wort „Kunst“ tunlichst vermieden. Das assoziieren sie nämlich gleich mit „Museum“ und ermüdend langen Gängen voller alter Bilder und Statuen wie im Pariser Louvre. Ich hatte vielmehr von einem Skulpturenpark gesprochen, das kennen sie vom niederländischen Kröller-Müller-Museum her, und das verbinden sie mit witzigen, skurrilen oder zumindest interessanten Dingen, die Menschen in die Natur gestellt haben. Zwar war der Tag ausgesprochen heiß und sie wären lieber in den Pool oder ans Meer gegangen, doch sie fügten sich einigermaßen willig in ihr Schicksal.

Der Eingang zum Giardino dei Tarocchi führt durch einen markanten Rundbogen, geschaffen vom Schweizer Architekturprofessor Mario Botta, auf einen staubigen Weg, der hinauf zum Kunstpark führt. Der Park liegt auf der Kuppe eines unscheinbaren Hügels, etwa vier Kilometer von der Küste entfernt. Schon wollten die Kinder damit beginnen, über die Hitze und den staubigen Anstieg zu klagen, da blieben sie abrupt stehen. Ehrfurchtsvoll weiteten sich ihre Augen. Wir waren in einem anderen Universum angekommen!

Direkt vor uns hatte sich ein fantastisches Bild eröffnet. Ein riesiger, strahlend blauer Kopf, über dem sich ein weiterer silbrig gleißender Schädel erhob, beherrschte die bunte Szenerie, gerahmt von zahlreichen anderen bizarren Skulpturen. Aus dem Mund des blauen Riesenkopfs ergoss sich Wasser in einen Brunnen, in dessen Mitte ein Räderwerk unablässig seine Kreise drehte. Eine bunte Riesenschlange wand sich seitlich am Haupt des Riesenkopfs entlang, hinter grünen Sträuchern erhob ein Fabelwesen seine Arme, starrte ein körperloses Gesicht hervor, ragte eine Riesen-Nana mit Waage heraus, streckte ein Paradiesvogel seine Flügel in die Höhe, fletschte ein grüner Drache seine Zähne vor einer hoch aufragenden Prinzessin. Unvermittelt waren wir mitten im Giardino dei Tarocchi, dem Garten des Tarots angekommen! Die Kinder waren sprachlos.

Nachdem sich der erste Schreck gelegt hatte, begannen sie, die bunte Welt zu erkunden. Denn hier darf berührt werden, hier kann man herumklettern, ja, in manche Figuren kann man sogar hineingehen. Es ist Kunst zum Anfassen, Kunst zum Erleben. Die Kinder waren hin und weg.

In zweiundzwanzig teils gigantischen Skulpturen und vielen kleineren hat Niki de Saint Phalle die Figuren des klassischen Tarotspiels zum Leben erweckt. Sie sind bis zu fünfzehn Meter hoch und bestehen aus handgeflochtenen Eisengittern, die mit Spritzbeton aufgefüllt und anschließend liebevoll mit bunten Keramikkacheln, Spiegelmosaiken und Glas bedeckt wurden.

Zwei Jahrzehnte lang arbeitete die Künstlerin zusammen mit ihrem Mann Jean Tinguely und zahlreichen örtlichen Künstlern an diesem Garten, mit dem sie sich einen Lebenstraum erfüllte. Denn seit sie den Fantasiegarten Park Güell von Antoni Gaudi in Barcelona und die revolutionären Anlagen von Pirro Ligorio und Giacomo Barozzi da Vignola gesehen hatte, war es ihr größter Wunsch, ein ähnliches Werk zu erschaffen.

Während der Bauzeit lebte die Künstlerin zeitweise im Inneren der gewaltigen Kaiserin, der Sphinx, die mit ihren mächtigen Brüsten die Szenerie beherrscht. Die Innenwände der Wohnstätte sind komplett mit Spiegelmosaik belegt, was ihnen eine irritierende, surreale Atmosphäre verschafft, fast als befände man sich im Inneren eines Raumschiffs.

Das blaue Riesengesicht, das uns am Eingang empfangen hat, gehört der Hohepriesterin. Sie stellt die Hüterin weiblicher Macht dar, und das glaubt man gerne, wenn man in ihr bedrohlich starres Riesenantlitz blickt. Vor ihr im Brunnen dreht sich nichts Geringeres als das Rad des Schicksals, beständig neu mit Wasser befüllt aus dem Mund der Hohepriesterin. Denn was nach oben steigt, stürzt unweigerlich auch wieder hinab.

Der Magier ist es, der mit silbernem Haupt über der Hohepriesterin hervorschaut. Er symbolisiert den Weltenschöpfer und die Kraft des Schaffens. Seine Hand ist erhoben, als wolle er Einhalt gebieten, und genau das tut er auch.

Denn ganz in der Nähe des magischen Gartens ließ die italienische Regierung einst ein Atomkraftwerk errichten. Darüber war Niki de Saint Phalle tief erschüttert, und so ließ sie ihren Magier die Hand zur Abwehr erheben. Mit Erfolg. Seit einem Referendum im Jahr 1987 ist ganz Italien atomkraftfreie Zone, und allen Bemühungen der Regierung zum Trotz ist es bis heute dabei geblieben.

Erklimmt man die Mauern der Figur des Kaisers, so erblickt man das Kraftwerk, das nie in Betrieb genommen wurde, und das Meer in der Ferne. Hinter den Mauern der Kaiserfigur verbirgt sich ein zauberhafter Innenhof, gerahmt von herrlich geschmückten Säulen, keine davon ist wie die andere, und in der Mitte liegt zwischen Olivenbäumen ein fröhlicher Nana-Brunnen. Hier wandelt man im angenehmen Schatten und kann sich nicht sattsehen an den kleinen Wundern, die diesen Hof so überreich erfüllen. Der Kaiser symbolisiert die männliche Macht im Guten wie im Schlechten, deshalb mischen sich hier Liebesherzen mit Totenschädeln.

Die hoch aufragende Prinzessin, die dem zähnefletschenden Drachen gegenübersteht, ist die Starke. Ihre Aufgabe ist es, die eigenen Dämonen zu bezwingen und auf diesem Weg zu der ihr innewohnenden Stärke zu finden.

Der Tod kommt als goldene Frau auf einem sternengeschmückten blauen Pferd dahergeritten, denn er symbolisiert nicht Angst und Vernichtung, sondern das Geheimnis des Lebens, das sich stets erneuert und ohne Vergänglichkeit nicht zu existieren vermag.

Der silberne Eremit steht ein wenig abseits und betrachtet die Anlage mit argwöhnischem Blick. Er wirkt etwas gespenstisch, wie ein Geist, auf dessen Körper sich die grüne Macchia widerspiegelt, die ihn umgibt. Doch geht man um ihn herum, so verflüchtigt sich der Schrecken, denn seine Seiten sind geöffnet. So schlüpft man kurzerhand hinein und wird - vielhundertfach gespiegelt - selbst zum Teil des Eremiten.

Zu entdecken gibt es noch die Mäßigkeit, die Auferstehung, den Gehängten, den Teufel, die Gerechtigkeit und den silbernen Turm von Babel, der mit abgebrochener Spitze den Tarotgarten überragt, denn ein Blitz hat ihn zerstört. Natürlich nur symbolisch, Jean Tinguely hat ihn so erschaffen, um den Zusammenbruch komplexer geistiger Konstrukte zu symbolisieren. Denn geistige Barrieren müssen eingerissen werden, um den Horizont zu erweitern.

Schließlich gesellen sich noch Orakel, Narr und Mond zu den Figuren des Tarots, und ganz zum Schluss die Welt, in derem Inneren ihr Geheimnis verborgen liegt. Sie ist die letzte geistige Übung und die Antwort der großen Sphinx. Schauen Sie selbst nach!

Es ist eine esoterische Reise voller Magie, verspielt, fröhlich und doch von spirituellem Ernst, auf die Niki de Saint Phalle die Besucher ihres Tarotgartens entführt.

Verzaubert haben wir den Garten am späten Nachmittag wieder verlassen. Doch seine Magie wird uns für immer begleiten.

Tortellini Maremmani – Teigtaschen aus der Maremma

Zutaten für 4 Personen: *500 g Mehl, 5 ganze Eier, 3 Eigelb, 300 g Ricotta, 100 g geriebener Parmesankäse, 1,5 kg frischer Spinat, 8 Salbeiblätter, 100 g Butter, Muskatnuss, Olivenöl, Salz, Pfeffer, Mehl für die Arbeitsplatte*

Zubereitung: *Das Mehl in einer Schüssel mit 5 Eiern und 1 Tl Salz vermischen und zu einem geschmeidigen Teig kneten. Nach Bedarf etwas Wasser hinzugeben. Anschließend den Teig mit einem Geschirrtuch abdecken und 20 Minuten lang ruhen lassen.*

Den Spinat waschen, putzen und dann in siedendem Salzwasser 5 Minuten lang abkochen. Danach in ein Sieb gießen und abtropfen lassen, anschließend klein schneiden.

Nach dem Abkühlen den Spinat in einer Schüssel mit dem Ricotta, dem geriebenen Parmesan, den Eigelb, Salz, Pfeffer und Muskatnuss vermischen und beiseitestellen.

Den Teig nach der Ruhezeit noch einmal gut durchkneten und danach in zwei Teile trennen. Die eine Hälfte auf einer eingemehlten Arbeitsplatte dünn ausrollen und in Quadrate mit etwa 6 cm Seitenmaß zerschneiden. In die Mitte jedes Quadrats ein Häuflein der Spinatmasse setzen, bis alles verbraucht ist. Nun die andere Teighälfte ebenfalls ausrollen und in gleich große Quadrate schneiden. Den Teig an den Rändern mit Wasser benetzen und jeweils ein Teigquadrat auf ein Teigquadrat mit Spinatmasse setzen, die Ränder gut zusammendrücken und zur Tasche schließen. Die Teigtaschen mit etwas Mehl bestäuben.

In einem großen Topf reichlich Salzwasser zum Sieden bringen. In der Zwischenzeit die Salbeiblätter waschen, trockentupfen und in kleine Stücke schneiden. Die Butter in einem kleinen Topf zerlassen, die Salbeiblätter hineingeben, salzen und warm halten.

Die Tortellini in das siedende Salzwasser geben und einige Minuten lang kochen lassen. Wenn die Tortellini sich aufblähen, sind sie fertig und können mit einem Schaumlöffel herausgenommen werden. Auf Tellern anrichten und mit der Salbeibutter übergossen servieren.

Enklave des Wohlstands – Monte Argentario

Nordwestlich von Rom lag einst eine kleine, fast runde Insel im Tyrrhenischen Meer. Sie bestand aus Bergen und schroffen Klippen, und nur ein kleiner Hafen erlaubte den Zugang zu dem abgeschiedenen Eiland. Zwischen dem Festland und dieser Insel gab es eine weitere, noch deutlich kleinere und ganz flache Insel. Auf dieser kleinen Insel befand sich schon seit etruskischer Zeit eine Siedlung, die sich mittlerweile zu einem veritablen Seehafen entwickelt hatte. Die mächtigen Steinquader, die den Hafen befestigten, waren noch von den Etruskern angefertigt worden, doch mehr wusste man nicht über sie. Was die Etrusker einstmals an diesem Ort getan hatten, war vom dunklen Schleier der Vergangenheit bedeckt und vergessen worden.

Nun gehörte der stolze Hafen zum Römischen Reich, und die vorgelagerte Berginsel war römisches Staatseigentum. Es war eine schwere Zeit für die Republik Rom, denn eine andere Großmacht des Mittelmeerraums machte ihr die Vorherrschaft streitig: Karthago. Unter ihrem streitbaren Feldherrn Hannibal lieferten die Nordafrikaner aus Karthago den Römern eine kriegerische Auseinandersetzung, den Zweiten Punischen Krieg, der von 218 bis 201 v. Chr. dauerte. Das kostete einen Haufen Geld. Die Republik war gezwungen, Kredit aufzunehmen, und Kreditgeber waren die Domitii Athenobarbi, eine zu Geld gekommene Plebejerfamilie. Sie waren „Argentarii", das heißt im wörtlichen Sinne „Silber-" oder auch „Geldbesitzende" und bedeutete so viel wie „Darlehensgeber", vielleicht ein bisschen auf der Schwelle zum Kredithai.

Der lange und zähe Krieg machte es der Republik Rom schwer, das Geld termingerecht zurückzuzahlen, so einigte man sich schließlich auf eine Abfindung in Form von Landbesitz: Die kleine Berginsel ging an die Athenobarbi und fortan hatte sie einen neuen Namen: Monte Argentario - Geldberg.

Die Jahre gingen dahin, das Römische Reich blühte auf und verwelkte wieder, und als das Mittelalter begann, schwand auch die Bedeutung des Monte Argentario dahin. Denn das gegenüberliegende Festland, die Maremma, begann zu versumpfen. Heftige Malariaplagen vertrieben die Bewohner, die Infrastruktur verfiel.

In diesen Jahrhunderten begann sich allmählich eine große Veränderung zu entwickeln: Der Fluss Albegna brachte immer mehr Sedimente mit sich, und durch die Aufschwemmung von Sand und Schlamm wurde nicht nur das flache Hafeninselchen ein Teil des Festlands, auch zum Monte Argentario hin bildeten sich drei Landzungen, die eine Lagune umschließen und die ehemalige Insel in eine Halbinsel verwandelten.

Als das Mittelalter sich zur Neuzeit hin neigte, begann die Wiederentdeckung dieses hübschen Vorgebirges. Es entstanden die beiden Hafenstädtchen Porto Santo

Stefano und Porto Ercole, der antike Hafen auf dem vorgelagerten Inselchen, das nun zum Festland gehörte, wurde zum heutigen Orbetello. Schließlich verstärkte man die mittlere der Landzungen, die den Monte Argentario mit dem Festland verbinden, und baute darauf eine Straße.

Nach dem zweiten Weltkrieg waren es vor allem die Menschen aus Rom, die den Monte Argentario als Naherholungsgebiet und Sommerfrische für sich entdeckten. Schließlich liegt die Halbinsel nur etwa 160 Kilometer von der Stadt entfernt.

Im Rom der Fünfziger- und Sechzigerjahre blühte der Glamour, insbesondere durch die in jenen Jahren kräftig prosperierende Filmindustrie in Roms Cinecittà, die alle großen Hollywoodstars in die Metropole brachte. An den malerischen Buchten des Monte Argentario entstanden Hotels und Restaurants, die schnell großen Anklang bei der Schickeria fanden, im Binnenland vermieteten Bauern Fremdenzimmer an die weniger betuchten Gäste. Über den zerklüfteten Küsten der Halbinsel sicherten sich Superreiche und Prominente die besten Grundstücke und ließen weiträumig umfriedete Luxusresidenzen in fantastischer Panoramalage errichten.

Von diesen Residenzen aus fahren sie dann mit ihren schnittigen Cabrios zu einer Spazierfahrt hinaus auf die Panoramastraße, die den Monte Argentario umgibt. Um die Insel darauf ganz zu umfahren, braucht man allerdings ein Geländefahrzeug, denn ein Teilstück der Straße ist nicht asphaltiert. Unter Steineichen und durch blühende Macchia hindurch fährt man auf dieser Route hoch auf den Klippen entlang und erlebt atemberaubende Ausblicke über Kaps, Felsen und Buchten, vorgelagerte Inselchen, die alten Wachtürme im Binnenland, von denen aus man einst vor den Angriffen der Sarazenen warnte, die Nachbarinsel Giglio und bei klarer Sicht auch bis hin nach Elba und Montecristo weit draußen im Westen des toskanischen Archipels. Und all dies ist gerahmt vom strahlenden Azurblau des Meeres.

Der Massentourismus konnte auf dem Monte Argentario nicht Fuß fassen. Zum einen legten Umweltschützer schon früh großen Wert auf den Erhalt der Ursprünglichkeit des Monte Argentario. Die südliche Landzunge steht unter Naturschutz durch den WWF, unter hohen Pinien und zwischen üppiger Macchia hat sich hier ein Refugium für Dam- und Schwarzwild erhalten. Im Landesinneren des Monte Argentario sind weite Flächen völlig naturbelassen, und die kleinen Sandbuchten tief unterhalb der Steilküste sind oftmals so extrem schwer zugänglich, dass ihr Zauber unberührt bleibt.

Zum anderen hat die frühe Entdeckung der Halbinsel durch die schwerreiche Klientel dafür gesorgt, dass auf dem Monte Argentario ein durchaus gehobenes Preisniveau herrscht. Und deshalb macht der „Geldberg“ seinem Namen bis zum heutigen Tage alle Ehre.

PIATTO DI GAMBERETTI - GARNELENTÖPFCHEN

Zutaten für 4 Personen: *20 Garnelen (mit Schale, ohne Kopf), 8 Tomaten, 300 g weiße Bohnen aus der Dose (abgetropft), 6 Lauchzwiebeln, 1 Bund Basilikum, 4 Knoblauchzehen, 2 rote Chilischoten, Saft von 1 Zitrone, 250 ml Gemüsebrühe, Olivenöl, Salz, Pfeffer*

Zubereitung: *Die Garnelen waschen und trockentupfen. Die Tomaten häuten und würfeln, die Lauchzwiebeln waschen, putzen und in Röllchen schneiden. Die Knoblauchzehen fein hacken, die Chilischoten entkernen und ebenfalls hacken. Die Basilikumblättchen abzupfen und waschen, danach hacken. Ein paar Blättchen zum Dekorieren übriglassen.*

In einem Topf Olivenöl erhitzen und die Garnelen zusammen mit dem Knoblauch darin kurz anbraten. Mit Salz, Pfeffer und dem Zitronensaft würzen. Anschließend die Garnelen herausnehmen und beiseitestellen.

Nun die Lauchzwiebeln und die Chilischoten zum Knoblauch geben und scharf anbraten. Mit der Gemüsebrühe ablöschen und die Tomaten hinzugeben. Aufkochen, danach die Hitze reduzieren und abgedeckt 20 Minuten lang köcheln lassen.

Dann das Basilikum, die Bohnen und die Garnelen dazugeben, unterheben, mit Salz und Pfeffer abschmecken und das Ganze noch einmal 5 Minuten lang bei schwacher Hitze ziehen lassen.

Auf Tellern anrichten, mit den Basilikumblättchen dekorieren und mit frischem Ciabattabrot servieren.

Von Zigarren, Ziegen und Piraten – der Schatz von Montecristo

Wenn sich am Morgen hinter den Arbeitern der kubanischen Zigarrenfabrik die Tore schließen, gelingt es diesen kaum, die flirrende Hitze fernzuhalten, die draußen auf der Karibikinsel herrscht. In der dampfigen Halle nehmen die Torcedores auf ihren Holzbänken Platz und beginnen mit ihrem Tageswerk. Mit geschickten Händen rollen diese Männer und Frauen Tabakblätter zu großformatigen Zigarren. Was die Torcedores hier produzieren, gehört zum Besten, was die Welt der Zigarrenkultur zu bieten hat, denn die Zigarrenroller der kubanischen Fabrik sind absolute Profis und unangefochtene Meister ihres Fachs.

Doch die Arbeit ist eintönig und die schwüle Hitze lastet auf den Gemütern. Man ist leistungsfähiger, wenn man bei guter Laune ist, doch nichts ist der Stimmung abträglicher als dumpfe Monotonie. Abwechslung muss her, stellten Kubas Zigarrenproduzenten schon vor langer Zeit fest, und so wurde es zur Sitte, dass im täglichen Wechsel einer der Torcedores die Arbeit ruhen lässt und stattdessen den anderen zur Unterhaltung aus einem Roman vorliest. Und die Torcedores dieser Zigarrenfabrik haben ein unangefochtenes Lieblingsbuch, das sie wieder und wieder rezitieren lassen. So oft, dass der Titel des Buches zum Namen für ihre erstklassigen Zigarren avancierte: Montecristo!

„Der Graf von Monte Christo" erschien 1844 als Fortsetzungsroman in einer französischen Zeitschrift. Der Erfolg war gigantisch, zumal der Schöpfer der verwickelten Geschichte um Unrecht und Vergeltung bereits ein Star der Literaturszene war: Alexandre Dumas. Seine Abenteuerromane „Die drei Musketiere" und „Der Mann mit der eisernen Maske", beide um die gleiche Zeit herum erschienen, hatten enormen Erfolg.

Im „Graf von Monte Christo" erzählt Dumas die zu Zeiten Napoleons spielende Geschichte des jungen Dantè, der aus den Höhen eines erfolgreichen Lebens aufgrund fieser Intrigen unvermittelt in die tiefsten Abgründe stürzt und sich unschuldig in Kerkerhaft wiederfindet. Vierzehn lange Jahre verbringt er auf einer schauerlichen Gefängnisinsel vor Marseille, bis ihm die Flucht gelingt und er dank eines Schatzes, dessen Versteck ihm ein sterbender Mitgefangener anvertraut hat, zu ungeheuerlichem Reichtum gelangt. Diese finanziellen Mittel ermöglichen ihm einen umfassenden Rachefeldzug gegen die Intriganten, die ihn einst ins Unglück gestürzt hatten. Und sie ermöglichen Dantè eine neue Identität, er nennt sich fortan „Graf von Monte Christo". Das ist eine Hommage an den Ort, an dem der glücksbringende Schatz versteckt gelegen hatte: die Insel Montecristo.

Montecristo gehört zum toskanischen Archipel und liegt in einer Reihe von mehreren kleinen Inseln, die sich wie ein Halbkreis zwischen Livorno im Norden und dem

Monte Argentario im Süden um die Insel Elba zu schmiegen scheinen. Montecristo ist nur bis zu vier Kilometer lang und dreieinhalb Kilometer breit, das macht eine Grundfläche von gerade mal etwas mehr als zehn Quadratkilometern.

Die Insel liegt weit draußen im Tyrrhenischen Meer, im Westen der Insel Giglio, welche durch die Havarie des Kreuzfahrtschiffs Costa Concordia zu traurigem Ruhm gelangte. Giglio ist aber immerhin 43 Kilometer von Montecristo entfernt. Und den Hafen von Giglio trennen noch einmal fast 24 Kilometer von Porto Santo Stefano, dem Montecristo nächstgelegenen Festlandshafen auf der Halbinsel Monte Argentario. Montecristo ist also ganz schön weit abgelegen, es liegt so ziemlich genau auf halbem Weg zwischen Italien und Korsika.

Was soll man da, auf einer winzigen Felseninsel mitten im Meer? Nichts. Und deshalb ist Montecristo auch unbewohnt und menschenleer.

Doch das stimmt nicht so ganz. Bei genauerer Betrachtung entdeckt man eine Wildhüterstation, in der ein Wildhüterehepaar lebt. Montecristo hat deshalb eine offizielle Einwohnerzahl von zwei. Die beiden wachen darüber, dass das auch so bleibt, denn seit 1970 ist Montecristo Naturschutzgebiet und darf nur mit Sondergenehmigung betreten werden. Man kann diese Genehmigung als Wissenschaftler oder auch als Tourist beantragen, muss aber mit einer Wartezeit von drei Jahren rechnen. Die jährliche Besucherzahl ist strikt auf tausend Personen begrenzt.

Das Wildhüterehepaar wird bei seiner Aufgabe von Forstbeamten im Schichtdienst unterstützt. Bewaffnet mit Ferngläsern wachen sie über die kleine Insel und patrouillieren mit Booten entlang der Küsten. Wer sich näher als einen Kilometer heranwagt, der muss mit einer Anzeige und einer drakonischen Geldstrafe rechnen.

Aber was schützen sie dort eigentlich so akribisch? Schon in etruskischer Zeit fielen die Steineichenwälder Montecristos dem Schiffbau zum Opfer und hinterließen eine verkarstende Landschaft. Im Jahr 455 floh dann der Bischof von Palermo vor den Vandalen auf die verwaiste Insel, wo er der Legende nach einen Drachen erlegte. Bewegt von dieser alten Geschichte gründeten später ein paar Mönche ein Kloster auf der Insel, das ihr zu ihrem Namen verhalf und selbst zu einer spirituellen Hochburg gedieh. Dank großzügiger Spenden gelangte dieses Kloster im Laufe der Jahrhunderte zu ungeheurem Reichtum. Mag sein, dass dieses fantastische und frenetisch gehütete Vermögen Alexandre Dumas zu dem Schatz in seiner Abenteuergeschichte inspiriert hat.

Doch große Vermögen wecken Begehrlichkeiten, und so kamen eines Tages Piraten, überfielen das Kloster und brannten es nieder. Weitere Freibeuter folgten und hinterließen nur Trümmer. Die Mönche verschwanden von Montecristo, und auch die Piraten hielt es nicht auf dem unwirtlichen Fleckchen Erde. Zurück blieben nur die Ziegen der Mönche. Sie verwilderten und wurden zu den „Montecristo-Ziegen“, die aufgrund ihrer jahrhundertelangen genetischen Isolation für die Wissenschaft nun von enormem Interesse sind.

Die wilden Ziegen sorgen aber auch dafür, dass auf Montecristo kaum Vegetation Fuß fassen kann. Mit einer Ausnahme: Im 19. Jahrhundert kaufte ein wohlhabender englischer Politiker und Kunstsammler die Insel und ließ sich eine Villa erbauen. Auch ließ der Exzentriker einen üppigen Garten anlegen und mit zahlreichen exotischen Pflanzen wie Eukalyptus und dem chinesischen Götterbaum bepflanzen.

Doch dann havarierte ein Schiff vor der Insel und die Passagiere – ehemalige italienische Exilanten auf der Heimkehr aus London – plünderten die Villa und richteten enorme Schäden an. Die italienische Regierung sah sich mit Schadensersatzforderungen des britischen Inselherrn konfrontiert und erachtete es als günstiger, ihm gleich die ganze Insel wieder abzukaufen. Was von ihm blieb, ist der chinesische Götterbaum. Den nämlich verschmähen die wilden Ziegen, sodass er sich wie eine Epidemie auf der ganzen Insel ausbreitet.

Enorm ausgebreitet haben sich auch die schwarzen Ratten, die schon seit der Zeit der alten Römer auf Montecristo leben. Seit dem Jahr 2011 entwickelten sie sich sogar zu einer Plage und einer ernsten Gefahr für

Montecristos Vogelwelt. Aufgrund der Unwegsamkeit des Terrains bekämpfte man sie mit Giftkügelchen, die aus der Luft abgeworfen wurden. Und auch gegen die immer größer werdende Unzahl der chinesischen Götterbäume versucht man inzwischen anzugehen.

Denn sie gefährden die gewaltigen Teppiche aus mediterraner Heide, wildem Rosmarin und prächtig blühenden Zistrosen. Daneben gibt es auch einige Steineichen, die die radikale Rodung in etruskischer Zeit überlebt haben. Auf den mehr als sechshundert Meter aufragenden Höhen der Insel stehen über tausend Jahre alte Exemplare. Auf Montecristo leben außerdem eine seltene Vipernart, eine besondere Eidechsenart sowie der Sardische Scheibenzüngler, ein äußerst rar vorkommender Froschlurch.

In erster Linie dient die Insel aber als Refugium für Seevögel, die hier in großen Kolonien nisten. Und für sie ist das menschenleere Montecristo mit Sicherheit ein Schatz von immensem Wert.

Capra al rosmarino – Ziege mit Rosmarin

Zutaten für vier Personen: *1 kg Ziegenfleisch (falls nicht erhältlich, ersatzweise Lammfleisch), 1 l Rotwein, 2 Zwiebeln, 500 g Tomaten, 6 Knoblauchzehen, ¼ Sellerieknolle, 4 Möhren, 2 Porreestangen, 2 Chilischoten, 4 Salbeiblätter, 2 Lorbeerblätter, 5 Zweige Rosmarin, Olivenöl, Salz, Pfeffer*

Zubereitung: *Das Fleisch waschen, trocken tupfen, putzen und in grobe Stücke schneiden. Die Knoblauchzehen häuten und vierteln. Porree, Möhren und Sellerie putzen bzw. schälen und grob in Stücke schneiden. Die Chilischoten zerteilen, entkernen und achteln.*

Das Fleisch in einer Schüssel mit dem Rotwein begießen und Knoblauch, Porree, Möhren, Sellerie, Chili, Salbei, Lorbeer sowie die Rosmarinzweige hinzugeben. Pfeffern, gut durchmischen und 24 Stunden lang an einem kühlen Ort ziehen lassen.

Am Zubereitungstag die Zwiebeln schälen und fein würfeln. Einen guten Schuss Olivenöl in einer Kasserolle erhitzen und die Zwiebeln darin andünsten, bis sie leicht gebräunt sind. Das Fleisch aus der Marinade nehmen und gut abtropfen lassen. Anschließend zu den Zwiebeln geben und rundherum kräftig anbraten. Das Gemüse und die Kräuter aus der Marinade nehmen und beiseitestellen. Nun das Fleisch mit der Marinade ablöschen, aufkochen lassen, pfeffern und salzen. Danach bei schwacher Hitze im geöffneten Topf 1 ½ Stunden lang einreduzieren, dabei gelegentlich umrühren.

Nun das Gemüse und die Kräuter zum Fleisch geben und mitkochen lassen. Die Tomaten häuten, in grobe Würfel schneiden und ebenfalls hinzugeben. Kurz aufkochen. Dann den Topf verschließen und das Ganze 40 Minuten lang bei geringer Hitze köcheln lassen, bis das Fleisch weich und der Bratfond ziemlich dickflüssig ist.

Vor dem Servieren die Lorbeerblätter entfernen.

Wahlweise mit Rosmarinkartoffeln, Polenta, Bandnudeln oder Weißbrot servieren.

Dichter, Philosoph und Aktivist – Dante Alighieri

Dantè hieß der Held im Roman von Alexandre Dumas, bis er zum „Grafen von Monte Christo“ avancierte. Damit trägt er den gleichen Namen wie einer der bedeutendsten europäischen Literaten, ein Mann, dessen Wirken bis auf den heutigen Tag Italien ganz wesentlich geprägt hat. Denn so wie Martin Luther mit seiner Übersetzung der Bibel ins Deutsche einen wesentlichen Beitrag zur Formung der noch heute geltenden deutschen Schriftsprache geleistet hat, so hat dieser Dichter das Italienische zur Literatursprache erhoben und mit seinem Schaffen das heutige politische und kulturelle Selbstverständnis der italienischen Nation überhaupt erst ermöglicht: Dante Alighieri.

Man weiß erstaunlich wenig über das Leben Dantes. Alle spärlichen Informationen hat man sich im Wesentlichen aus Dantes eigenen Schriften zusammengeklaubt. Denn es gibt nur sehr bescheidene zeitgenössische Quellen, die etwas über ihn verraten. Als Dante 1265 das Licht der Welt erblickte, da herrschte noch das Mittelalter in Europa. Das bedeutete nicht nur, dass es keine akribische Dokumentation des Zeitgeschehens gab, es herrschte auch ein völlig anderes Weltbild, als wir es heute kennen.

Im Wesentlichen galt das irdische Leben als leidgeplagte Übergangsphase zu dem eigentlichen Ziel des Menschen, nämlich dem ewigen Leben im Jenseits. Es hieß, gottesfürchtig, fleißig arbeitend und duldsam die Zeit im Diesseits über sich ergehen zu lassen, um nach dem Tode den himmlischen Lohn zu erhalten. Oder auch nicht, je nach Lebensführung. Denn da wartete nach dem Jüngsten Tag nicht nur das Paradies mit all seinen Verheißungen, es gab auch das ewige Fegefeuer mit grauenhaften Qualen für alle, die sich während ihres irdischen Lebens nicht anständig benommen hatten. Wobei die Definition dessen, was als „anständig" galt, zumeist im Ermessen der Mächtigen lag, vor allem natürlich im Ermessen der Kirchenfürsten.

So kommt es, dass man zwar ungefähr weiß, wann der kleine Dante in Florenz geboren wurde, ein genaues Datum ist aber nicht überliefert. Man hat seine ungefähre Geburtszeit vielmehr anhand seiner eigenen Angaben im Buch „Commedia" ermittelt und kommt so auf das Sternzeichen der Zwillinge im Jahr 1265, also die Zeit zwischen Mitte Mai und Mitte Juni. Das kann aber keineswegs als gesicherte Datierung gelten.

Man taufte den Kleinen auf den lateinischen Namen „Durante", das heißt so viel wie „ausdauernd" und gibt wiederum einen Hinweis auf die mittelalterliche Vorstellung vom irdischen Leben als Übergangsphase. Im Alltagsgebrauch erwies sich der Name als zu sperrig, und so wurde einfach „Dante" daraus.

Er entstammte einem alten Adelsgeschlecht, das seinen Stand wohl der Teilnahme an einem Kreuzzug verdankte. Doch das war lange her, Dantes Vater verdingte sich als Geldverleiher. Genaues weiß man nicht, denn Dante übergeht seine Eltern in seinen Schriften mit Schweigen. Genauso wenig verrät er über seine eigene Ehefrau und seine vier Kinder. Die Einzige, die er geradezu überschwänglich schildert, ist Beatrice.

Jener Beatrice begegnete er im Alter von neun Jahren, und fortan ist sie seine Muse. Ganz in der Tradition provenzalischer Troubadoure ist sie die angebetete Geliebte, die doch im wirklichen Leben stets unerreichbar bleibt. Beatrice musste einen frühen Tod erleiden, schon im Alter von Mitte zwanzig schied sie dahin. Aber wie so vieles im Leben von Dante ist bis heute ungewiss, wer diese Beatrice eigentlich gewesen ist, ja, ob sie überhaupt existiert hat oder nur eine literarische Fiktion des Meister gewesen ist.

Dante Alighieri war umfassend gebildet, sein Wissen war geradezu phänomenal. Wo er es sich aneignete, ist unbekannt. Doch lässt sein Werk Rückschlüsse dahingehend zu, dass er schon früh in Kontakt zu anderen Dichtern und Gelehrten stand. Vermutlich hat er auch eine Universität besucht, Beweise dafür gibt es aber nicht. Seine enormen Kenntnisse in den Wissenschaften, der Theologie und der Philosophie fließen jedenfalls souverän in seine Schriften ein.

Neu am Werk des Dante Alighieri war einerseits, dass er sich der italienischen Sprache bediente und keineswegs, wie seinerzeit üblich, des Lateinischen. Darüber hinaus aber stellte er sich selbst in den Mittelpunkt seiner

Dichtung, und zwar als ganz normalen Menschen mit all seinen Gefühlen, seiner Verwirrtheit, seinen Unsicherheiten und seiner persönlichen Entwicklung. Das war eine schriftstellerische Revolution, denn das „Ich" als solches spielte im mittelalterlichen Weltbild bisher keine Rolle, war doch das einzelne Individuum zu unwichtig angesichts des großen göttlichen Plans.

Ausgehend vom zweifelnden, irrenden und lernenden Ich betrachtet Dante die Welt auf philosophische Weise und zeichnet in seinen Texten den Weg zur ethischen Läuterung des Selbst hin zur Harmonie mit der göttlichen Weltordnung. Sein berühmtes Werk ist die „Commedia", die Schilderung einer Reise durch Hölle, Läuterungsberg und Paradies. Erst der knapp fünfzig Jahre später geborene Dichter Giovanni Boccaccio, ein glühender Verehrer Dantes, gab dem Buch den Namen, unter dem es noch heute berühmt ist: „Die Göttliche Komödie". Dieser Text gilt als Meilenstein der Scholastik, der Erforschung wissenschaftlicher Fragen mittels systematischer Beweisführung aufgrund theoretischer Erwägungen. Die Göttliche Komödie mit ihrer opulenten, bildreichen Sprache, ihrem so dramatischen, metaphorischen wie plausiblen Inhalt war ein Riesenerfolg und verhalf Dante zu großem Ruhm. Noch heute gilt sie als eines der Hauptwerke der Weltliteratur.

Doch in Dantes Leben verlief keineswegs alles glatt und von den Schwingen des Erfolgs getragen. Im ausgehenden Mittelalter ging es in Florenz politisch äußerst turbulent zu. Es gab zwei grundlegend verschiedene politische Seiten, die in heftigem Streit miteinander lagen. Die einen unterstützten die weltliche Macht des Kaisers, die anderen standen auf Seiten des Papstes und waren ihrerseits in unterschiedliche Strömungen gespalten.

Auch Dante engagierte sich schon früh in der Politik seiner Heimatstadt und wurde schließlich Mitglied des Rates. Er stand zwar auf Seiten der Papstfraktion, doch im Zuge der allgemeinen Unruhen jener Zeit gab es auch intern heftige Unstimmigkeiten. Einige der Papsttreuen wurden aus der Stadt gewiesen, und Dante beteiligte sich an diesem Bannspruch. Florenz wurde daraufhin mit einem Kirchenbann belegt, und als papstreue Truppen die Stadt einnahmen, wurde nicht nur Dantes Haus zerstört, er selbst musste die Heimatstadt unter Androhung der Todesstrafe verlassen. Seine Güter wurden konfisziert.

Und so verbrachte der begnadete Dichter den Rest seines Lebens seit 1302 im Exil. Seine Spuren sind verwischt, doch lassen seine Werke auf einige der Stationen schließen, darunter Verona, Treviso, die Lunigiana im Nordwesten der Toskana, Venedig und Ravenna, wo er schließlich 1321 starb. Seinen größten Ruhm erlangte er erst während der Zeit des Exils, denn die Göttliche Komödie verfasste er in diesen Jahren.

Zwar hatte es irgendwann ein Angebot der Stadt Florenz gegeben, die die Rückkehr ihres zu Ruhm gelangten Sohnes mittlerweile ganz gerne gesehen hätte. Doch schlug Dante dies aus, weil er es als demütigend empfand. Hätte er doch eine Geldstrafe zahlen und öffentlich Abbitte leisten müssen, um zurückkehren zu dürfen. Verärgert über die Ablehnung erneuerten die Florentiner Regenten Dantes Verurteilung daraufhin noch einmal. Er sah seine Heimat nie wieder.

Dante wurde in Ravenna bestattet, und alle Bemühungen der Stadt Florenz, ihn zumindest posthum zurückzuholen und in der Stadt beizusetzen, schlugen fehl. So gibt es denn heute in der Florentiner Basilika Santa Croce zwar ein Grab des Dichterfürsten, doch ist es leer.

Man kann in Florenz auch die „Casa di Dante“ besuchen. Aber es passt zum nebulösen Gesamtbild, dass es sich dabei keineswegs um das Geburtshaus des Dichterfürsten handelt. Das Haus befindet sich lediglich ungefähr an der gleichen Stelle. Sein Geburtshaus selbst ist nicht mehr erhalten, es fiel den politischen Unruhen seiner Zeit zum Opfer.

Doch erhalten blieben seine Dichtungen und vor allem die sprachlichen, philosophischen und politischen Veränderungen, die sie nach sich zogen.

Cantuccini – Mandelgebäck aus der Toskana

Zutaten: *175 g gehäutete Mandeln, 250 g Mehl, 200 g Zucker, 2 Eier, 1 Tl Backpulver, 1 Vanilleschote, 5 Tropfen Bittermandelöl, ½ Tl Salz, 30 g Butter, Mehl zum Bestäuben*

Zubereitung: *Auf eine Arbeitsfläche das Mehl und den Zucker häufen. In die Mitte eine Kuhle drücken und Backpulver, das ausgekratzte Innere der Vanilleschote, Salz, Eier, Bittermandelöl sowie die zimmerwarme Butter hineingeben. Nun alle Zutaten miteinander gut zu einem klebrigen Teig verkneten.*

Anschließend die Mandeln hinzugeben und gründlich untermengen. Den Teig zu einer Kugel formen, mit Mehl bestäuben und 45 Minuten lang im Kühlschrank ruhen lassen.

Danach den Teig in 8 Teile aufteilen und aus jedem Teil auf der eingemehlten Arbeitsfläche eine ca. 20 cm lange Wurst rollen. Die Würste in ausreichendem Abstand zueinander auf ein mit Backpapier ausgelegtes Backblech legen.

Den Backofen auf 200°C vorheizen und die Teigwürste darin 15 Minuten lang backen. Dann herausnehmen, abkühlen lassen und schräg in ca. 1 cm dicke Scheiben schneiden. Die einzelnen Cantuccini nun abtrennen und mit einer der Schnittflächen nach unten auf ein mit Backpapier ausgelegtes Backblech legen. Noch einmal 10 Minuten lang bei 200°C backen, bis sie goldbraun sind.

Auf einem Rost komplett auskühlen lassen und danach in einer gut verschließbaren Blechdose aufbewahren.

Besonders lecker schmecken die Cantuccini, wenn man sie kurz in Vin Santo eintaucht, den toskanischen Dessertwein.

Saturnia – wie ein wütender Gott die Wellness erfand

Vor Zeiten lebten die Menschen der Toskana in wilden Stämmen zusammen, die in ständigem Streit, Zank und Hader, ja sogar blutigen Kriegen miteinander lagen. Der Gott Saturn war wirklich aufgebracht über diese sinnlose Brutalität, und so schleuderte er in seiner Wut einen Blitz hinab zur Erde, um die Streithähne zur Raison zu bringen. Der Blitz traf in einen Vulkankrater, der sogleich zu brodeln begann und einen Fluss warmen, schwefligen Wassers hinab ins Tal ergoss. Erstaunt hielten die Kämpfenden in ihren Auseinandersetzungen inne und labten sich stattdessen an der wohligen Wärme des Wassers. Das war der Beginn des goldenen Zeitalters des Saturn. Statt Kriege zu führen, widmeten sich die Menschen fortan der Landwirtschaft und der Liebe, es begann eine Ära geprägt von Frieden, Schaffenskraft und Schönheit. Das Herz dieses mystischen Reiches aber war Saturnia, die erste Stadt des Gottes Saturn auf der italienischen Halbinsel.

Von der goldenen Stadt des Gottes Saturn ist nicht wirklich viel geblieben. Saturnia, ein auf einem Travertinfelsen gelegenes Dorf im Herzen der Maremma, zählt nur ganze 280 Einwohner. Und doch ist es ein besonderes Fleckchen. Es gilt nicht nur als die erste etruskische Stadt Italiens, nein, lange, bevor das geheimnisvolle Volk der Etrusker um 1000 vor Christus in der heutigen Toskana in

Erscheinung trat, war Saturnia von Menschen der eisenzeitlichen Villanovakultur besiedelt. Man weiß nicht viel über diese Kultur. Im Wesentlichen hat man nur reichverzierte Urnen auf großen Gräberfeldern gefunden, die Zeugen eines ausgeprägten Totenkults.

Gewiss ist nur, dass Saturnia eine uralte Siedlung ist. Und der Grund für die Attraktivität dieses Ortes lässt sich schnell entdecken. Denn hier, wo die Flüsse Albegna und Stellata zusammenfließen, gesellt sich noch ein weiteres Gewässer hinzu, das ein wahres Geschenk der Erde ist: Mit einer gleichbleibenden Wohlfühltemperatur von 37,5° Celsius ergießt sich eine Thermalquelle in die Terrassen eines natürlichen Sinterbeckens. Fünfhundert Liter sprudeln pro Sekunde aus der Erde hervor und sorgen somit für den beständigen Austausch des Wassers. Es ist reich an Mineralien und vor allem schwefelhaltig, sodass es schon früh als Heilquelle entdeckt wurde. Mag sein, dass es schon die Villanova-Menschen und die Etrusker zu nutzen wussten, auf jeden Fall kurten die Römer in Saturnia, nutzten die antiseptische und reinigende Kraft des Wassers, seine wohltuende Wirkung auf das Herz-Kreislaufsystem, die Verdauungsorgane und die Atemwege, seine entspannende Wirkung auf Muskeln und Nerven, seine Heilkraft bei Hautproblemen wie Akne, Mykosen oder Dermatitis sowie bei rheumatischen und allen anderen Gelenkerkrankungen.

Die Reste des römischen Thermalbades kann man noch heute in Saturnia besichtigen. Doch mit dem Mittelalter kam das Aus: Die Kirche witterte in der Thermalkultur nichts als eine üble Wurzel von Unmoral und Sittenverfall. Die öffentlichen Bäder wurden zerstört, das Baden in den Sinterbecken bei Strafe verboten. Erst mit Beginn der Neuzeit kam die Wiederentdeckung der Quellen von Saturnia durch lokale Feudalherren. Seit dem 18. Jahrhundert begann sich ein regelrechter Boom zu entwickeln, es entstand ein vielbesuchter Badekomplex, zu dem sich im 20. Jahrhundert noch ein Luxushotel gesellte. Das Baden in den natürlichen Sinterbecken ist aber nach wie vor kostenlos geblieben.

Doch woher kommt das wundersame Wasser von Saturnia? Es entstammt tatsächlich einem Vulkan, dem Monte Amiata. Dieser mächtige Berg erhebt sich 1.738 Meter hoch im Süden der Toskana, ein imposanter Koloss, dessen aktive Zeit aber schon sehr lange zurückliegt. Seit 180.000 Jahren schweigt er still und liegt friedlich umrahmt von üppigen Wäldern aus Kastanien, Buchen, Fichten und Eichen. Hier ist ein Refugium für Adler, Falken, Geier und Wölfe. Es ist aber auch ein Paradies für Wanderer und eine attraktive Destination für Skifahrer, denn an den Hängen bleibt der Schnee bis weit ins Frühjahr hinein liegen.

Der Monte Amiata mag zwar friedlich geworden sein, doch so ganz hat er seine Berufung als Vulkan noch nicht aufgegeben. Heiße Quellen und Geysire zeugen von seinem Potenzial, was sich die moderne Stromwirtschaft mithilfe eines geothermischen Elektrizitätswerks zunutze macht. Die heißen Quellen speisen so manches Thermalbad in der Umgebung des Berges und eben auch das dreißig Kilometer entfernte Saturnia.

An den Hängen des Monte Amiata versickerndes Regenwasser wird auf seiner Reise in den Untergrund vom Gestein gefiltert und schließlich durch eine bis zu sechzig Meter dicke Lehmschicht hermetisch von der Außenwelt abgeriegelt. Dabei reichert es sich in zweihundert Metern Tiefe mit vulkanischen Gasen und Mineralsalzen an und wird darüber hinaus dort unten auch noch angenehm temperiert. Sage und schreibe vierzig Jahre dauert die Reise des Wassers, bis es schließlich in Saturnia wieder ans Tageslicht tritt.

Dampfend füllt es dann die Becken der Kaskaden und lädt zu einem wohltuenden Bad ein, eine Wellnessoase der Natur. Zugegeben, es stinkt ein bisschen nach faulen Eiern, was dem Schwefelgehalt des Wassers geschuldet ist. Doch die Dämpfe befreien die Nebenhöhlen und behaglich umschmeichelt die Wärme die Badenden. Das Wasser hat die gleiche Temperatur wie einst das Fruchtwasser im Mutterleib – wer möchte da wieder hinaussteigen? Zumal im Winter. Denn auch wenn die Luft frostige Temperaturen angenommen hat, ist das Thermalwasser von Saturnia immer gleichbleibend angenehmen warm. Es gibt keine Einschränkung der Badezeiten. Deshalb kann man auch nachts unter dem Sternenzelt die Seele in den Thermalbecken von Saturnia baumeln lassen.

Zuppa di fagioli – Bohnensuppe

Zutaten für 4 Personen: *200 g getrocknete weiße Bohnen, 30 g getrocknete Steinpilze, 4 Tomaten, 250 g Weißkohl, 1 rote Paprika, 4 Frühlingszwiebeln, 1 Zwiebel, 3 Knoblauchzehen, 2 Lorbeerblätter, 1 Chilischote, 2 Zweige Thymian, 1 Bund Basilikum, Olivenöl, Salz, Pfeffer, 4 große Scheiben altbackenes Brot*

Zubereitung: *Die Bohnen über Nacht einweichen. Am nächsten Tag das Wasser abschütten und die Bohnen abspülen. Die Tomaten häuten, würfeln und anschließend in einem Topf zusammen mit den Bohnen, den Lorbeerblättern, dem Thymian und 1 ½ l Wasser zum Kochen bringen. Salzen, pfeffern, die Hitze reduzieren und ca. 1 ½ Stunden lang köcheln lassen, bis die Bohnen weich sind.*

In der Zwischenzeit die Steinpilze zehn Minuten lang in lauwarmem Wasser einweichen. Die Zwiebel schälen und würfeln, die Frühlingszwiebeln putzen und in Röllchen schneiden, die Paprika waschen, entkernen und in dünne Streifen schneiden. Die Chilischote entkernen und klein schneiden. Den Weißkohl putzen, waschen und in feine Streifen schneiden. Die Pilze gut ausdrücken und klein schneiden.

Die Hälfte der Bohnen nach der Garzeit aus dem Topf nehmen und pürieren. Lorbeer und Thymian entfernen. Nun die pürierten Bohnen, das Gemüse sowie die Pilze in den Topf geben, aufkochen und 30 Minuten lang köcheln lassen. Mit Salz und Pfeffer abschmecken.

Die Knoblauchzehen schälen. Die Basilikumblättchen abzupfen und fein hacken.

In einer Pfanne etwas Olivenöl erhitzen und die Brotscheiben darin bräunen. Anschließend mit den Knoblauchzehen von beiden Seiten gut einreiben.

Die Suppe vom Herd nehmen und die Hälfte des Basilikums unterrühren.

Die Brotscheiben in Suppenteller legen und die Suppe darübergeben. Mit dem restlichen Basilikum bestreuen und servieren.

Mozart im Weinberg – ein Experiment

Im Süden der Provinz Siena liegt die Gegend von Montalcino, die vor allem für eines berühmt geworden ist: für ihren hervorragenden Wein. Es ist der Brunello, er wird nach strengen Regeln sortenrein aus der Sangiovese-Traube hergestellt. Bevor er in den Handel kommt, ist er fünf Jahre lang gereift, davon mindestens zwei in Eichenfässern ausgebaut worden und vier Monate lang in der Flasche vollendet. Das Resultat ist ein hocharomatischer Wein von intensivem Rubinrot, mit elegantem Duft und tanninbetontem, herbem Geschmack. Ein Wein für Kenner.

So spaziere ich eines Tages durch die Weinberge bei Montalcino. Es ist eine liebliche Hügellandschaft, malerisch schmiegen sich die Rebstöcke an die Hänge, silbrig glitzern dazwischen die Olivenhaine, und auf den Hügelkuppen thronen vereinzelte alte Gehöfte. Stille liegt über dem friedlichen Land, nur ab und an erklingt der Gesang einer Zikade. Doch meist höre ich nichts als das leise Summen der leichten Brise, die die Gräser am Wegrand wiegt.

Doch plötzlich höre ich ganz deutlich etwas anderes. Es ist klassische Musik, das Stück kommt mir bekannt vor: Mozart, eindeutig. Wie merkwürdig, weit und breit ist mir kein Mensch begegnet, sollte es hier mitten in den Weinbergen eine Open-Air-Veranstaltung mit klassischer Musik geben? Während ich weitergehe, wird die Musik immer lauter. Doch noch immer vermag ich niemanden zu erkennen, der als ihr Urheber infrage käme.

Aber dann entdecke ich einen Lautsprecher am Rande des Weinbergs, und bei näherem Hinsehen stelle ich fest, dass der ganze Weinberg mit Lautsprechern gespickt ist. Mozarts Klänge sind hier allgegenwärtig! Handelt es sich um eine besondere Kunst-Performance oder gehört der Weinberg einem Esoteriker, der auf diese Art mit den Pflanzen kommuniziert?

Es ist weder das eine noch das andere, doch der hiesige Winzer, Giancarlo Cignozzi, ist felsenfest davon überzeugt, dass die Musik positive Auswirkungen auf den Weinbau hat. Er ist selbst ein begeisterter Fan der Musik, und so war es wohl zu Anfang mehr Zufall, dass er bei der Arbeit im Weinberg Musik hörte. Doch dann machte er verblüffende Beobachtungen. Die Reben in der Nähe seiner Musikanlage begannen früher mit der Reifung, und das, obwohl sie im Schatten lagen.

Er begann, sein Experiment auszuweiten. Auf dem ganzen Weinberg stellte er Boxen auf und beschallte ihn fortan ununterbrochen. Mit erstaunlichen Resultaten: Er beobachtete, dass niedrige Tonfrequenzen nicht nur Vögel, Wildschweine und Nager von seinen Weinstöcken fernhielten, auch Schädlinge wie Reblaus, Rote Spinne, Spinnmilbe, Traubenwickler und Schnecken blieben aus. Chemische Schädlingsbekämpfungsmittel wurden überflüssig.

Er experimentierte mit verschiedenen Klängen, und als ideal erwiesen sich die harmonischen Kompositionen von Mozart. Im Frühjahr helfen außerdem Barock- und Sakralmusik, um das Wachstum der Pflanzen anzuregen, im Herbst die energiegeladenen Klänge von Beethoven und Tschaikowski. Während der winterlichen Ruhezeit umlullt meditative Musik die ruhenden Rebstöcke. Das Resultat sind kräftige Pflanzen, die hervorragende Trauben liefern.

Alles nur ein Marketinggag eines esoterischen Spinners, sagten die anderen Winzer von Montalcino. Doch die Weine von Cignozzis Gutshof „Il Paradiso" erzielen Spitzennoten bei den Prüfungen durch Montalcinos gestrengen Weinverband. Ist also an der ganzen Sache doch etwas dran?

Immer mehr Wissenschaftler räumen heute ein, dass über das neurologische System der Pflanzen noch immer erbärmlich wenig bekannt ist. Mittlerweile weiß man, dass Pflanzen zum Beispiel über die Wurzeln auf chemischem Wege mit andern Pflanzen kommunizieren können. Können sie also vielleicht auch hören oder zumindest auf Schallwellen reagieren?

Eine interessante Frage, deren Antwort die Landwirtschaft revolutionieren könnte. Das jedenfalls meinen Wissenschaftler der Universitäten Pisa und Florenz, die sich der Sache angenommen haben. Und aus nachvollziehbaren Gründen hat sich der Lautsprecherhersteller Bose den Experimenten angeschlossen. Immerhin bestünde im

Erfolgsfall ein kaum zu unterschätzendes Potenzial für den Absatz von Agrar-Hi-Fi weltweit.

Tatsächlich legt eine Studie der Universität Pisa die spürbare Wirkung der Schallwellen auf Tiere im Weinberg nahe. Bestimmte Frequenzen sind dazu in der Lage, Schädlinge fernzuhalten. Doch wirken sie auch positiv auf das Pflanzenwachstum? Mit dieser Frage beschäftigt sich die Universität Florenz. Und tatsächlich gibt es einige Anzeichen dafür, dass Pflanzen unter der Beschallung mit klassischer Musik besser wachsen.

Wird also in Zukunft nicht nur von Cignozzis Weinbergen, sondern von allen Feldern und Obstplantagen weltweit Musik erklingen? Ich weiß es nicht. Aber ich habe mir nach der Rückkehr von meinem Spaziergang ein Gläschen Brunello eingeschenkt und ein Mozart-Requiem in den CD-Spieler eingelegt. Und eines ist gewiss: Wenn der Sonnenuntergang die lieblichen Hügel der Toskana in goldene Farben taucht und dazu die sanfte, harmonische Musik erklingt, dann schmeckt der Wein ganz besonders gut.

RISOTTO CON ORTICHE E LAMPONI – RISOTTO MIT BRENNNESSELN UND HIMBEEREN

Zutaten für 4 Personen: *300 g Risottoreis, 2 Schalotten, drei gute Handvoll junge Brennnesselspitzen, 400 g Himbeeren, 1 l Gemüsebrühe, 300 ml milder Weißwein, 20 g Zucker, Olivenöl, Pfeffer, Salz, geriebener Parmesankäse*

Zubereitung: *In einem Topf etwas Olivenöl erhitzen und den trockenen Risottoreis darin rundum anbraten. Anschließend die Hitze reduzieren und nach und nach die Gemüsebrühe und den Weißwein zugeben, dabei ständig rühren und den Reis allmählich garen. Der Risotto soll von breiiger Konsistenz sein, eventuell noch etwas Wasser beigeben. Mit Salz, Pfeffer und dem Zucker würzen.*

Die Schalotten häuten und fein hacken. Die Brennnesselblättchen waschen, trockentupfen, putzen und in Streifchen schneiden. Die Himbeeren vorsichtig waschen.

In einer Pfanne etwas Olivenöl erhitzen und die Schalotten darin glasig dünsten. Danach die Brennnesseln hinzugeben und kurz mitbraten.

Sofort zusammen mit den Himbeeren vorsichtig unter den fertigen Risotto heben und servieren. Vor dem Verzehr mit etwas Parmesankäse bestreuen.

Wer ist der Höchste? – Die Wolkenkratzer von San Gimignano

Als Frankfurt am Main nach Gründung der Bundesrepublik Deutschland das Rennen um den Regierungssitz im Jahr 1949 endgültig verloren hatte, erhielt die Stadt ein Trostpflaster: Sie wurde Niederlassungsort der Deutschen Bundesbank. In deren Gefolge siedelten sich im Laufe der nächsten Jahrzehnte mehr als fünfhundert Banken und unzählige Finanzdienstleister in Frankfurt an. Es war die Zeit des großen Booms. Die Wirtschaft florierte, und die Banken verdienten jede Menge Geld.

Und wenn man es zu etwas gebracht hat, dann zeigt man das auch gerne. So begannen in den frühen Siebzigerjahren die ersten Großverdiener unter den Bankhäusern, in die Höhe zu bauen. Schon von weitem sollte man sehen, wer hier in Frankfurt etwas zu sagen hatte, und stolz wurde das eigene Logo an exponierter Stelle auf dem Wolkenkratzer montiert.

Diese dreiste Machtdemonstration ärgerte die Konkurrenz, und flugs setzte sie ein Hochhaus daneben – nach Möglichkeit ein bisschen höher als das des anderen Bankhauses. Es kam zu bizarren Wettstreiten, Baupläne wurden in letzter Sekunde geändert, um schnell noch ein paar Stockwerke obenauf setzen zu können, wenn durchsickerte, dass wieder einmal ein Konkurrent einen Neubau plante.

Das Ergebnis kann heutzutage jeder betrachten, der aus einiger Entfernung einen Blick auf die Mainmetropole wirft: Aus der bislang eher beschaulichen mittelalterlichen Reichsstadt wurde Mainhattan, Deutschlands Zentrum der Wolkenkratzer.

Doch was die Banken da in Frankfurt fabriziert haben, ist keineswegs eine Erfindung der Neuzeit. Denn wer durch die Toskana fährt, der wird sich verblüfft die Augen reiben, wenn er sich San Gimignano nähert und den Ort erstmals in der Ferne auf seiner Hügelkuppe erblickt: Stolz ragen mächtige Steintürme aus der Ortsmitte hervor. Vor dem Reisenden liegt das Manhattan des Mittelalters!

Das Mittelalter war eine raue Zeit. Die mächtigen Adelsgeschlechter lagen im Streit miteinander, es galt das Recht des Stärkeren. Jederzeit musste mit Angriffen gerechnet werden, und so wurde es innerhalb der befestigten Ortschaften Sitte, sich in Wohntürme zurückzuziehen. Diese quadratischen Türme waren wie Festungen angelegt, in jedem Stockwerk gab es oftmals nur einen einzigen Raum. Weiter hinauf gelangte man über Leitern, und wollte man oben in Sicherheit sein, so zog man die Leiter einfach zu sich herauf. Durch in die Gemäuer eingelassene Speier konnten im Belagerungsfall siedendes Wasser oder Öl auf die Angreifer hinabgeschüttet werden.

In vielen Städten gab es solche Wohntürme, nicht nur in Italien, auch in Deutschland waren sie verbreitet. Die meisten dieser Bauwerke haben die Zeit nicht überdauert.

Doch in Bologna zum Beispiel gibt es heute noch zwanzig dieser Geschlechtertürme, wobei es ursprünglich einmal hundertachtzig gewesen sind.

Aber nirgends heben sie sich so markant aus der grünen Hügellandschaft empor wie in San Gimignano. Die beiden höchsten der fünfzehn erhaltenen Türme – es waren einmal zweiundsiebzig – sind über fünfzig Meter hoch.

Und das hat seinen Grund. Denn wie die Banken in Frankfurt, so wollten es auch die wohlhabenden Familien des Mittelalters den anderen zeigen: Seht her, unserer ist höher! Zwischen den Adelsgeschlechtern bestand ein ständiger Wettstreit um die höchsten Wohntürme. Der Wohnkomfort wurde zugunsten dieser Protzerei vernachlässigt, denn bequem sind die Türme mit ihren zahlreichen Etagen natürlich nicht. Man stelle sich den Aufwand vor, von einem Schlafraum in der obersten Etage über Leitern hinab auf die Straße zu gelangen und später wieder herauf!

Die Elite von San Gimignano hatte jedenfalls genug Geld, um das Höhenwachstum der Türme jahrhundertelang voranzutreiben. Denn San Gimignano lag an einer wichtigen Verkehrsroute, der Frankenstraße, die vom englischen Canterbury nach Rom führte. Pilger und Händler brachten der Stadt wirtschaftlichen Wohlstand, schon früh entwickelte sie sich zu einem wichtigen regionalen Marktplatz.

Das zog ständige Machtkämpfe mit den umliegenden Gemeinden wie Volterra, Castelfiorentino oder Poggibonsi mit sich. Doch auch innerhalb der Stadtmauern lag man miteinander im Clinch. Auf die Dauer konnte das nicht gut gehen.

In den großen Auseinandersetzungen des 14. Jahrhunderts wurde das kleine San Gimignano zwischen den mächtigen Metropolen Florenz, Siena und Pisa zerrieben und verlor an Bedeutung. Kriegsverluste und blutige Auseinandersetzungen zwischen den eigenen Adelshäusern hatten die Stadt geschwächt. Mitte des Jahrhunderts kam die verheerende große Pest hinzu und gab San Gimignano ein Übriges.

Für eine Weile ging es wenigstens wirtschaftlich noch zufriedenstellend weiter, denn die Frankenstraße brachte nach wie vor Geld in die Stadt. Doch dann begann man, die Sümpfe in den Küstengebieten trockenzulegen. Für die Reisenden war es fortan einfacher, auf den Straßen der flachen Küstenebene gen Süden zu ziehen, als mühsam durch die bergige Region, in der die Frankenstraße verlief. San Gimignano verarmte, die Zeit blieb stehen.

Das war in der zweiten Hälfte des 17. Jahrhunderts. Was für die Menschen der vergangenen Jahrhunderte ein Fluch war, ist für die interessierten Reisenden von heute ein Segen. Denn es hat dafür gesorgt, dass San Gimignano in der völligen Ursprünglichkeit einer mittelalterlichen Stadt erhalten geblieben ist. San Gimignano ist ein pittoreskes Kleinod der lebendigen Geschichte.

Wären da nicht die vielen Souvenirbuden, Touristenrestaurants und Läden, die alle möglichen überteuerten

Produkte der Toskana und als solche getarnten Nippes aus Fernost feilbieten. Und natürlich auch nicht die unzähligen Touristen, die sich mit schussbereiten Kameras durch die engen Gassen schieben.

Die aber zumindest dafür Sorge tragen, dass San Gimignano auch heute wieder wie ehedem vom Tourismus lebt.

Arrosto di maiale – Schweinebraten

Zutaten für 4 Personen: *1 kg Schweinebraten (Nackenstück), 3 Zwiebeln, 4 Knoblauchzehen, 12 Salbeiblätter, 3 Rosmarinzweige, 3 Thymianzweige, 2 Lorbeerblätter, 6 Pimentkörner, 8 Wacholderbeeren, 300 ml Weißwein, Olivenöl, Muskat, Pfeffer, Salz*

Zubereitung: *Das Fleisch waschen, trockentupfen, parieren und von allen Seiten mit Salz, Pfeffer und Muskat würzen. Zwiebeln und Knoblauch schälen und klein schneiden.*

In einer Kasserolle Olivenöl erhitzen und das Fleisch bei hoher Temperatur rundum anbraten. Danach aus dem Topf nehmen, dann Zwiebeln, Knoblauch, Salbei, Lorbeerblätter, Rosmarin und Thymian hineingeben und scharf anbraten.

Mit dem Weißwein und 300 ml Wasser ablöschen, das Fleisch zurück in den Topf geben, aufkochen und danach die Hitze reduzieren. Pimentkörner und Wacholderbeeren hinzugeben. Salzen und pfeffern. Bei schwacher Hitze 3 Stunden lang schmoren lassen.

Vor dem Servieren das Fleisch aus der Sauce nehmen und die Sauce durch ein Sieb gießen. Das Fleisch auf einer Platte aufschneiden und mit der Sauce begießen.

Mit in Olivenöl gebratenem Gemüse wie Möhren, Broccoli und/oder Fenchel sowie frischem Weißbrot servieren.

Safran – das rote Gold von San Gimignano

Der mittelalterliche Wohlstand von San Gimignano fußte noch auf einem weiteren Standbein: dem Safran.

Die geheimnisvollen roten Fäden haben eine lange Geschichte. Spätestens seit kein Geringerer als Göttervater Zeus höchstpersönlich sich auf einem Bett aus Safranfäden zur Ruhe legte, galten sie als höchstes Luxusgut. Wer Safran verschnitt oder fälschte, der musste schon in der Antike mit empfindlichen Strafen rechnen.

Das leuchtend violett blühende Pflänzchen war aus dem Orient nach Europa gekommen. Es handelt sich um eine herbstblühende Krokusart, deren aromatische Stempelfäden als Safran bekannt geworden sind. Man stelle sich vor: Ein Feld voller filigraner Krokuspflänzchen, in jeder Blüte drei winzige rote Fädchen, und allein um diese geht es bei der Gewinnung von Safran!

Die Fädchen aus den zarten Blüten zu ernten, ist eine Arbeit, die äußerstes Fingerspitzengefühl verlangt. Das geht nur mit der Hand eines erfahrenen Pflückers, der seine Arbeit gebückt am Boden des Krokusackers verrichtet. Fädchen für Fädchen sammelt er den kostbaren Safran ein, und um die wertvollen ätherischen Öle zu bewahren, kann das nur in den frühen Morgenstunden geschehen. Um ein Kilo getrockneten Safran zu gewinnen, braucht man sage und schreibe an die hundertfünfzigtausend Blüten. Ein

Hektar Land bringt durchschnittlich einen Ertrag von acht bis zehn Kilo Safran. Und für die Ernte bleiben gerade mal zwei Wochen im Oktober, denn länger blüht der Safrankrokus nicht. Nun versteht man, warum das Zeug so teuer ist.

Safran ist bitter und färbt nach dem Auflösen in Wasser alles gelb. Um ein Gericht leuchtend gelb einzufärben, braucht man nur so wenig davon, dass der bittere Geschmack nicht zum Tragen kommt.

Stattdessen entfaltet sich optimalerweise der typische herb-süßliche Duft, vorausgesetzt, man kocht den Safran nicht zu lange. Deshalb fügt man ihn, zuvor dreißig Minuten lang in handwarmem Wasser eingeweicht, am besten erst gegen Ende der Garzeit hinzu. Noch besser entfaltet sich das Aroma, wenn man den Safran vor dem Einweichen im Mörser zermahlt.

Aus dem Orient stammt der Brauch, Reisgerichte mit Safran zu färben und zu aromatisieren. Er ist ein wesentliches Charakteristikum der Marseiller Fischsuppe Bouillabaisse, in viele Rezepte für Kuchen- und Gebäck hat er Einzug gehalten. Bekanntlich macht er ja den Kuchen „gehl“, also gelb. Doch auch andere Dinge lassen sich einfärben, Stoffe zum Beispiel. Mit Safran lässt sich Gold auf Inschriften imitieren, mit Safran poliertes Silber erscheint wie Gold.

Inspiriert von der Geschichte um Göttervater Zeus bestreuten reiche Römer ihre Hochzeitsbetten mit Safranfäden. Hochzeitsschleier wurden mit Safran eingefärbt, damit zeigte man, dass man sich etwas leisten konnte. Safran war seit jeher ein Symbol des Wohlstands.

Doch nicht überall gedeiht die empfindliche Pflanze. Die Gegend von San Gimignano bietet optimale klimatische Voraussetzungen und die notwendigen Bodenverhältnisse, deshalb begann die Kultivierung des Safrans hier schon vor fast tausend Jahren.

Man verkaufte die kostbaren Fäden an die Händler, die auf der Frankenstraße vorbeizogen und den Safran nach Rom und Nordeuropa exportierten. Oft ersetzten die zarten roten Fäden beim Handel sogar das Bargeld, denn sie galten als krisenfeste Währung. Schon seit 1261 gab es in San Gimignano ein Gesetz, mit dem die Reinheit des Safrans gewährleistet wurde. Denn alles, was großen Wert hat, lockt wie von selbst die Fälscher und Betrüger an.

So kann man beispielsweise auch mit Kurkuma eine leuchtend gelbe Farbe erzielen. Man gewinnt das gelbe Pulver aus den Wurzeln einer südasiatischen Pflanze, die nicht umsonst „Safranwurz“ genannt wird. Auch Kurkuma schmeckt ein bisschen bitter.

In Indien galt er lange als heilig, er ist ein wesentlicher Bestandteil von Curry. Doch ist er wesentlich leichter zu gewinnen als Safran und deshalb deutlich günstiger. Allerdings duftet er anders und unterscheidet sich auch durch seine gelbe Farbe vom roten Safran. Fälscher nutzen Kurkuma deshalb nur, um echten Safran damit zu strecken. Allein durch chemische Tests lässt sich ein solcher Betrug nachweisen.

Das aber wusste man schon zu der Zeit, als in San Gimignano das Safranschutzgesetz erlassen wurde. Löst man Safranpulver in Wasser und gibt man dann etwas Natronlauge hinzu, so bleibt die Flüssigkeit gelb. Wird sie trüb und verfärbt sich dabei rot, dann hat ein Fälscher Kurkuma unter das Pulver gemengt.

Außerdem gibt es noch die Färberdistel, die, wie der Name schon vermuten lässt, zum Färben von Stoffen verwendet wurde. Schon im alten Ägypten nutzte man die Färberdistel, um Mumienleinwände einzufärben.

Die Blütenstände dieser schnell wachsenden, robusten Pflanze enthalten eine Vielzahl von orangefarbenen Röhrenblüten, die dem Safran verblüffend ähnlich sehen. Man nennt sie deshalb auch „falscher Safran". Doch die Färberdistelblüten bewirken ein deutlich blasseres Gelb als Safran und haben keinerlei Eigengeschmack. Auch äußerlich vermag der Fachmann sie vom echten Safran zu unterscheiden.

Grundsätzlich sind Safranfäden immer einem Pulver vorzuziehen, denn sie bewahren ihr Aroma länger. Außerdem sind sie nicht so leicht zu imitieren oder durch Beimengungen zu verfälschen.

Man achtete streng auf die Reinheit des Safrans aus San Gimignano, der deshalb einen ausgezeichneten Ruf genoss. Doch als die Frankenstraße im 17. Jahrhundert ihre

Bedeutung verlor, begann auch der Niedergang der Safranproduktion von San Gimignano. Außerdem torpedierten billige Importe aus dem Osten und aus Südfrankreich das Geschäft, der Anbau von Safran in der Toskana kam zum Erliegen.

Erst in jüngerer Zeit besinnt man sich wieder der alten Tradition. Rund um San Gimignano sind neue Safranfelder entstanden, und im Oktober beginnt wieder die mühevolle Erntezeit.

Safran aus San Gimignano genießt wie schon im Mittelalter einen hervorragenden Ruf. Und nach wie vor ist er ein exklusives Luxusgut.

Risotto al zafferano e radicchio – Radicchio-Safran-Risotto

Zutaten für 4 Personen: *300 g Risottoreis, 1 l Gemüsebrühe, 250 ml Weißwein, 1 Radicchio, 2 Schalotten, 1 Knoblauchzehe, 60 g Butter, 100 g geriebener Parmesan, 3 Safranfäden, Olivenöl, Pfeffer, Salz*

Zubereitung: *Die Safranfäden in einem Steinmörser zerkleinern und dann mit warmem Wasser aufgießen, dabei am Stößel verbliebenen Safran lösen. Den Radicchio vierteln und die festen weißen Teile des Strunks entfernen. Anschließend in Streifen schneiden, in einem Sieb abspülen und gut abtropfen lassen. Die Schalotten schälen und fein hacken.*

Die Knoblauchzehe häuten und danach damit einen Topf gut ausreiben. Einen guten Schuss Olivenöl hineingeben und heiß werden lassen. Die Schalotten hinzugeben und glasig werden lassen, dann den Risottoreis dazuschütten und so lange anbraten, bis er rundum gleichmäßig glänzt. Dann etwas Brühe und Wein angießen und unter Rühren einkochen, so immer weiter verfahren, bis die Flüssigkeit verbraucht ist und der Reis eine breiige Konsistenz hat. Mit Salz und Pfeffer abschmecken.

In der Zwischenzeit in einer Pfanne etwas Olivenöl erhitzen und den Radicchio darin scharf anbraten.

Am Ende der Garzeit das Safranwasser unter den Reis rühren und gut verteilen. Anschließend die Butter und den Parmesankäse und zum Schluss den Radicchio unterheben.

Von Schönheit und Schicksal – Siena

Das 14. Jahrhundert hatte großartig begonnen. Siena, die alte etruskische Siedlung, hatte es zu großem Wohlstand gebracht und genoss auch politisch endlich die Bedeutung, die seine Bürger als angemessen empfanden.

Der Reichtum wurzelte ursprünglich auf den Silbervorkommen, die man in den umliegenden Hügeln entdeckt hatte. Im frühen 12. Jahrhundert erlangte Siena dann endlich seine Unabhängigkeit als Stadtrepublik. Doch dem endgültigen Aufschwung hatte stets der ständige Ärger mit den Florentinern entgegengestanden.

Im Gegensatz zur großen Konkurrentin Florenz mit ihren papsttreuen Regenten unterstützte man in Siena den Kaiser. Und das machte sich bezahlt. Der Kaiser erwies sich als dankbar und verlieh Siena großzügige Privilegien, zum Beispiel das Recht der Münzprägung. Und dann hatten schließlich 1260 die Streitkräfte Sienas den Florentinern in der großen Schlacht von Montaperti eine vernichtende Niederlage zugefügt.

Damit war es endlich zu einer für Siena günstigen Entscheidung in diesem Konflikt gekommen, der schon seit Beginn des Jahrtausends geschwelt hatte. Denn Siena und Florenz lagen all die Jahrhunderte hindurch in erbittertem Streit. Dabei ging es zunächst um die wirtschaftliche Vorherrschaft in der Toskana. Im Gegensatz zu Florenz lag das kleinere Siena an der Frankenstraße, der wichtigen

Handelsroute, die Nordeuropa mit Rom verband. Neidvoll betrachtete man in Florenz den wirtschaftlichen Aufschwung, zu dem der Handel der Konkurrentin verhalf. In Siena wurden die weltweit ersten Banken gegründet, ja, es entpuppte sich sogar als eine der reichsten Städte Europas.

Die Florentiner waren neidisch. Hinzu kamen die wütenden politischen Auseinandersetzungen, die Kaisertreue und Anhänger des Papstes miteinander austrugen. Immer wieder war es zu blutigen Scharmützeln gekommen, doch endlich hatte Siena 1260 den scheinbar entscheidenden Sieg gegen die Angreifer aus Florenz errungen. Es war der größte Sieg in der Geschichte der Stadt. Alles schien gut zu werden.

Doch das Kaisergeschlecht der Staufer, das die Sieneser unterstützten, war dem Untergang geweiht. Das Blatt des Schicksals wendete sich, schon knapp zehn Jahre später unterlag Siena bei einer erneuten Schlacht gegen Florenz.

Die Partei der Papsttreuen übernahm die Regierung in der Stadt, und das erwies sich letztendlich als gar nicht so schlecht: Der „Rat der Neun“, das aus reichen Kaufleuten zusammengesetzte Stadtparlament, setzte fortan auf den Frieden. Denn in Friedenszeiten lassen sich die besten Geschäfte machen. Und die Rechnung ging auf: Der Handel florierte in Siena wie nie zuvor. Die Stadt erlebte ihre große Blütezeit.

Um seine Bedeutung auch nach außen hin zu demonstrieren, hatte Siena bereits im vergangenen Jahrhundert mit dem Bau eines Domes begonnen, dessen Schönheit und Pracht alles bisher Gesehene überstrahlen sollte. Nach hundertjähriger Bauzeit erhob sich nun auf einem der drei Hügel der Stadt eine markante schwarz-weiße Basilika mit wundervoll geschmückter Fassade und 77 Meter hohem Glockenturm. Doch das reichte den Stadtvätern nun nicht mehr. Beschwingt vom wirtschaftlichen Erfolg packte sie die Gigantomanie. Man fasste den ehrgeizigen Plan, die römische Basilika von Alt-Sankt-Peter zu übertreffen, die damals größte Kirche der Welt.

Nicht zuletzt war man auch in Florenz gerade mit dem Bau einer pompösen Kathedrale beschäftigt. Und Siena hatte es doch in den letzten Jahrzehnten zu deutlich größerem Reichtum gebracht, als die ewige Konkurrentin. Diesen Triumpf galt es nun in Stein zu fassen und das größte und glanzvollste Gotteshaus der Welt zu errichten. Im Jahr 1339 begann man mit umfassenden Erweiterungsarbeiten. Der Dom sollte die Krönung der schönen Stadt werden, die sich in den vergangenen Jahren zu einer Perle der gotischen Baukunst entwickelt hatte.

So stolz wie die Stadt selbst waren auch ihre Bürger. Das Stadtgebiet war in siebzehn Viertel, die sogenannten Contrade, unterteilt, die miteinander im Wettstreit um das höchste Ansehen in der Stadt lagen. Jede Contrade hatte ihr eigenes Wappenbanner, und unter diesen Zeichen trat man zweimal im Jahr in einem großen Pferderennen gegeneinander an. Ort des Wettstreits war der zentrale Platz der Stadt, die muschelförmig angelegte Piazza del Campo vor dem Rathaus. Der Sieger erhielt eine bunte Standarte, den sogenannten „Palio“, nach dem das Rennen denn auch benannt wurde. Jeweils zehn der Contrade traten hierbei gegeneinander an, denn für mehr Pferde gab es auf der Piazza del Campo zu wenig Platz.

Es gab ja so schon ein heftiges Gedränge, und oft genug kam es zu bösen Stürzen, die so manches Leben forderten. Alljährlich am 2. Juli und am 16. August war es so weit. Wer – abgesehen von denen, die im Vorjahr hatten aussetzen müssen – mitmachen durfte, bestimmte das Los. Ganz Siena lag an diesen Tagen im Rausch, bunt geschmückte Mitglieder der einzelnen Contrades zogen durch die Straßen, ein gewaltiger Festumzug rahmte das Geschehen.

Auch die Piazza del Campo wurde zu Beginn des 14. Jahrhunderts einer umfassenden Sanierung unterzogen. Sie befindet sich an der Stelle eines römischen Amphitheaters und hat eine auf das unterhalb liegende Rathaus hin ausgerichtete Schräglage. Nun wurde dieser Platz mit roten Backsteinen gepflastert, in den man helle Streifen aus Travertin einließ. Darin spiegelten sich die warmen Terracottafarben der neu erbauten umliegenden Bürgerhäuser und des Rathauses mit seinem hohen Turm, dem Torre del Mangia, ganz hervorragend wider.

Auch das Rathaus und der Torre del Mangia wurden in jenen Jahren errichtet, ganze 102 Meter ragt er über dem prächtigen Platz empor. Für jedermann war es offensichtlich: Hier boomte eine Stadt! Überall wurde gebaut, an allen Ecken entstand repräsentative Pracht. Nahezu alle Gebäude Sienas, die noch heute das Stadtbild prägen, wurden in der ersten Hälfte des 14. Jahrhunderts errichtet.

Doch dann kamen die Rückschläge. Die Mitglieder der Regierungspartei begannen, sich untereinander zu streiten. Zu diesen inneren Unruhen kam Unbill von außen hinzu: Mehrere aufeinanderfolgende Jahre brachten große Trockenheit und erbarmungslose Dürreperioden. Die Folge waren Hungersnöte, die nicht nur die Bevölkerung schwächten, sondern auch der Wirtschaft schadeten. Einige Bankhäuser Sienas mussten Konkurs anmelden, die Krise belastete den städtischen Haushalt erheblich.

Aber es sollte noch schlimmer kommen. Der Schwarze Tod fiel 1348 erbarmungslos über die Stadt her. Zwei Drittel der Bevölkerung wurden innerhalb kürzester Zeit von der Pest dahingerafft. Von dieser Katastrophe sollte sich Siena nicht mehr erholen. Es war vorbei.

Die Bauarbeiten am Dom mussten eingestellt werden. Die neben ihm liegenden Mauern vermitteln noch heute einen Eindruck von den vereitelten Plänen der damaligen Zeit. Es war nichts Geringeres vorgesehen, als aus dem Längsschiff das Querschiff eines viel gewaltigeren Bauwerks zu machen. Doch dazu fehlten nun die Mittel.

Vielleicht hätte Siena sich von den fürchterlichen Rückschlägen irgendwann wieder erholt, doch Florenz, das die Pest deutlich besser überstanden hatte, grub der geschwächten Konkurrentin in den folgenden Jahrzehnten gnadenlos einen Markt nach dem anderen ab. Die nachlassende Bedeutung der Frankenstraße nach Beginn der Trockenlegung der Sümpfe in den Küstenregionen tat ein Übriges zur anhaltenden Wirtschaftsflaute von Siena.

Und wie es so ist, wenn man mit schweren Problemen zu kämpfen hat, zerrieben sich in Siena selbst die einzelnen Parteien im Streit. Die Regierungen wechselten ununterbrochen, es kam nicht einmal ein Anflug von Stabilität zustande. Das machte sich Florenz zunutze, das Siena schließlich unterwarf. Die Unabhängigkeit der Stadt war endgültig dahin.

Und so kommt es, dass auch das Stadtbild von Siena – ganz wie das von San Gimignano – im Mittelalter eingefroren wurde. Während Florenz in der später einsetzenden Renaissance seine große Blütezeit erlebte und sein Stadtbild wesentlich veränderte, blieb Siena als gotische Stadt erhalten.

Als sich die Welt im letzten Jahrhundert durch die rasch um sich greifende Motorisierung und den aufkommenden Massentourismus veränderte, da zeigten Sienas Stadtväter kluge Voraussicht: Schon 1956 wurde die gesamte Innenstadt zur Fußgängerzone erklärt, Autos bleiben seitdem außen vor. Und deshalb ist das Mittelalter in Siena noch heute so ungestört nachzuempfinden, wie in kaum einer anderen Stadt Italiens.

Der Dom blieb zwar kleiner als vorgesehen, und doch ist er eine der schönsten Kathedralen der Welt. Sein prachtvoll geschmücktes Inneres ist geradezu überwältigend.

Von der großen Vergangenheit zeugt auch der Palio, das Pferderennen um die Piazza del Campo, eine Tradition, die in Siena mit heiligem Ernst gepflegt wird. Und dann ist da noch die Monte dei Paschi di Siena, das älteste Bankhaus der Welt. Sie hat alle Jahrhunderte überstanden und geriet erst durch die europäische Finanzkrise in eine ernsthafte Schieflage, in deren Folge sie sich unter einen staatlichen Rettungsschirm begeben musste. Ihr Stammsitz befindet sich im prächtigen Palazzo Salimbeni am gleichnamigen Platz in der Altstadt von Siena.

An die finstersten Tage der Stadt erinnert noch heute die kleine Pestkapelle Cappella di Piazza auf der Piazza del Campo. Sie wurde 1352 als Dank für die überstandene Pestepidemie erbaut. Verglichen mit den hochtrabenden Bauplänen der Vorjahre ist sie sehr bescheiden – so ist sie ein Spiegel der Demut, die Siena in jener Zeit erlernen musste.

Ricciarelli di Siena – Mandelplätzchen aus Siena

***Zutaten**: 300 g gemahlene geschälte Mandeln, 250 g Puderzucker, 1 El Mehl, 1 Pck. Vanillezucker, 2 Eiweiß, 1 Tl Backpulver, 4 Tropfen Bittermandelöl, 1 Tl Kakaopulver, ½ Tl abgeriebene Schale einer unbehandelten Zitrone, ½ Tl Salz*

***Zubereitung**: Die gemahlenen Mandeln in einer trockenen Pfanne leicht rösten, bis sie duften. Wichtig ist, dass die Mandeln so fein wie möglich sind. Deshalb empfiehl es sich, die gemahlenen Mandeln zusammen mit dem Vanillezucker nach dem Rösten noch einmal mit dem Küchenhäcksler zu bearbeiten.*

In einer Schüssel die Mandeln und den Vanillezucker mit 100 g Puderzucker, Backpulver, Mehl und Bittermandelöl vermischen. Die Eiweiß zusammen mit dem Salz ganz steif schlagen, dabei weitere 100 g Puderzucker untermischen. Nun die Mandelmischung mit dem Eiweiß vermengen. Es entsteht eine klebrige Masse.

Diesen Teig in drei Teile aufteilen. Einen davon mit dem Kakao vermengen, einen mit der Zitronenschale, den letzten lassen, wie er ist. Jeden Teig auf der Arbeitsplatte auf je ein Stück Frischhaltefolie geben, die Folie darum schlagen und eine Wurst von ca. 4-5 cm Durchmesser daraus rollen. Die Folie entfernen, mit einem scharfen, angefeuchteten Messer etwa 2 cm dicke Scheiben von der Teigwurst abschneiden und auf ein mit Backpapier ausgelegtes Backblech legen. Die Oberseite jeweils mit dem Rücken einer Gabel leicht eindrücken. Im vorgeheizten Backofen bei 120°C rund 20 Minuten lang backen. Die Plätzchen dürfen auf keinen Fall dunkel werden. Am besten sind sie, wenn sie noch fast weiß aus dem Ofen genommen werden. Dann bleibt ihr Inneres schön saftig.

Nach dem Backen mit dem restlichen Puderzucker bestäuben.

Ausnahmezustand – im Exil mit Giovanni Boccaccio

Gar viele Leute sind töricht, sie glauben, wenn ein Mädchen den Schleier nimmt und in ein Kloster eintritt, höre es fortan auf, eine Frau zu sein. Gerade so, als habe es sich in einen Stein verwandelt. Die gleichen Leute denken, das harte und einfache Leben der Bauern mache aus ihnen stumpfe Gesellen ohne jede Regung von fleischlicher Lust oder gar von Verstand. Wie dumm die Leute sind!

Einst gab es in der Toskana ein Nonnenkloster, in dem die Äbtissin mit acht blutjungen und hübschen Glaubensschwerstern lebte. Der Klostergärtner war mit seinem Lohn unzufrieden und hatte seine Stelle aufgekündigt. Auch war ihm die ständige Nörgelei der Nonnen auf die Nerven gegangen, denn egal, wie er es anstellte, nie konnte er es ihnen recht machen.

Davon erzählte er Masetto, einem jungen, kräftigen Bauernburschen, und dieser, weniger beflügelt von der Schilderung der mühevollen Arbeit als von der Beschreibung der anmutigen Ordensfrauen, fasste den Entschluss, sich um die vakante Stelle des Klostergärtners zu bewerben. Weil er jedoch befürchtete, wegen seiner Jugend und seines guten Aussehens von der strengen Äbtissin abgewiesen zu werden, gab er sich als bedauernswerten Taubstummen aus.

Masetto tat sein Bestes und stellte sich in der Probezeit so vorzüglich an, dass er den Posten erhielt. Die Äbtissin hatte Mitleid mit dem vermeintlich Behinderten, von ihm, so glaubte sie, gehe keine Gefahr für das Seelenheil der ihr anvertrauten Gottesdienerinnen aus. Denn von der Lähmung mussten wohl neben der Zunge auch andere

Glieder betroffen sein. Deshalb empfand sie keinerlei Argwohn, als schon bald darauf die jungen Nonnen begannen, den neuen Gärtner zu necken und allerhand Unfug mit ihm zu treiben.

So kam es, dass sich eines Tages in einer der Nonnen der Wunsch regte, einmal auszuprobieren, wie es wohl sei, bei einem Mann zu liegen. Der neue Gärtner schien dazu das ideale Versuchsobjekt zu sein, denn selbst wenn er es gewollt hätte, so könnte er doch niemals jemandem etwas davon verraten. Schließlich war der arme Kerl ja stumm! Diesen Plan verriet sie einer anderen Nonne, die sogleich von der frivolen Idee angetan war.

Masetto, der das Gespräch der Nonnen unbemerkt mitangehört hatte, stellte sich ahnungslos und spielte den Tölpel. Willig fügte er sich in die Spiele der Lust, mit denen die Ordensfrauen ihn verführten. Die beiden jungen Frauen fanden Gefallen daran und so kam es, dass die heimlichen Treffen fortan zur Gewohnheit wurden.

Doch eines Tages erwischte sie eine andere Nonne bei ihrem Schäferstündchen. Statt Meldung über das unzüchtige Betragen zu machen, gesellte sie sich hinzu, und so kam es, dass nach und nach alle acht Nonnen sich zu gemeinsamen Lustbarkeiten mit Masetto einfanden.

Dann begab es sich, dass die Äbtissin selbst Masetto zufällig einmal unbekleidet erblickte und Lust verspürte. Sie lud ihn in ihr Gemach ein und verlustierte sich im Verborgenen mit ihm. So ging das eine ganze Weile lang weiter, doch aufgerieben zwischen all den Frauen und völlig erschöpft gab Masetto schließlich der Äbtissin zu erkennen, dass er sprechen konnte, und beichtete ihr die ganze Geschichte.

Die Äbtissin aber war eine verständige Frau. Sie übertrug Masetto die Meierei, ein Posten, der besser bezahlt und mit weniger Arbeit verbunden war als das Gärtneramt. So blieben ihm mehr Zeit und mehr Kraft, die er fortan in seligem Einvernehmen mit der Äbtissin und den Nonnen verbringen konnte. Dass er die Sprache wiedergefunden hatte, erklärten sie mit einem Wunder, und ihr gemeinsames Verhältnis verbragen sie zeitlebens vor der Außenwelt mit geschickter Diskretion, auch wenn so manches Kindlein hinter den Klostermauern das Licht der Welt erblickte. Masetto wurde reich und außerdem vielfacher Vater, er starb als glücklicher Mann nach einem wahrhaft ausgefüllten Leben.

Das ist die knappe Zusammenfassung einer ganz schön frivolen Geschichte. Sie ist nur eine aus einer umfangreichen Sammlung von Erzählungen, von denen viele einen äußerst pikanten Inhalt haben. Und oft geht es dabei um Angehörige des Klerus, denen lüsterne Ausschweifungen in die Schuhe geschoben werden. Kein Wunder, dass die Kirche das Buch, dem sie entstammten, auf den Index setzte. Der fanatische Bußprediger Savonarola, der in der zweiten Hälfte des 15. Jahrhunderts in Florenz für die Rückkehr zu einem einfachen und frommen Lebenswandel kämpfte, verbrannte persönlich jede Ausgabe, die ihm in die Hände fiel.

Es ist das Dekameron, eine Sammlung von hundert Novellen, die innerhalb von zehn Tagen erzählt werden, daher der an den griechischen Wortstamm „dekad" –

Anzahl von zehn – angelehnte Name. Hintergrund für die Entstehung des Werks ist die Pest, die im Jahr 1348 auch die Stadt Florenz heimsuchte. Zehn junge Leute sind vor dem Schwarzen Tod in ein Landhaus geflohen und vertreiben sich dort die Zeit, indem sie sich Geschichten erzählen. Eine Zeit, die in der fast surrealistischen Starre eines beängstigenden Ausnahmezustandes zu verharren scheint.

Das ist die Rahmenhandlung des Werks, das als Grundstein der italienischen Prosa und als maßgeblicher Vorreiter und Vorbild für alle großen Novellen der Weltliteratur gilt. Sein Schöpfer ist Giovanni Boccaccio, der 1313 geboren wurde. Seine Eltern waren nicht verheiratet, die Mutter starb bei der Geburt. Boccaccio wuchs deshalb im Haus des Vaters, eines Bankiers, in Florenz auf. Mit vierzehn schickte der Vater ihn nach Neapel, wo er zum Kaufmann ausgebildet werden sollte. Doch Boccaccio hatte anderes im Sinn. Er widmete sich mit Leidenschaft der Literatur, fand Zugang zum neapolitanischen Hof und erhielt dort eine umfassende Allgemeinbildung. Vierzehn Jahre verbrachte er in Neapel. Zurück in Florenz trat er in den Staatsdienst ein und wurde zu einem der bedeutendsten Dichter und Humanisten seiner Zeit. Mit dem Dekameron verarbeitete er das Grauen und die Schrecken der Pest, die er selbst in Florenz miterlebt hatte. Daneben veröffentlichte er noch etliche andere Epen, Gedichte und Romane sowie eine Biographie Dante Alighieris und Kommentare zur dessen Göttlicher Komödie. Seinen Lebensabend verbrachte Boccaccio in Certaldo, einer kleinen Gemeinde im Tal des Flusses Elsa südlich von Florenz.

Und mochte die Kirche ihn wegen der beißenden Kritik, die er in seinen frivolen Geschichten recht unverhohlen an den Tag legte, auch noch so sehr schmähen, so war der Erfolg seines Dekameron doch nicht zu bremsen. Am witzigsten und gelungensten sind gerade die Schwänke Boccaccios, die ins Obszöne abgleiten. So deftig die Situationen auch werden, Boccaccio versteht es dabei immer, mit gewählten Worten und eleganter Sprache das literarische Niveau zu wahren.

Sein Werk inspirierte in den folgenden Jahrhunderten Dichter und Literaten wie Cervantes, Goethe, Balzac, Shakespeare, Swift oder Lessing. Und noch heute werden die unterhaltsamen Geschichten des Dekameron gerne gelesen. Denn sie sind von meisterlicher sprachlicher Kraft und Schönheit.

Zuccotto – toskanische Kuppeltorte

Zutaten: *5 Eier, 150 g Puderzucker, 50 g Mehl, 50 g Speisestärke, 1 Pck. Vanillezucker, 200 g Zartbitterschokolade, 700 ml Sahne, 300 g Mascarpone, 80 g Zucker, 50 g geriebene Mandeln, 50 g geriebene Haselnüsse, 10 cl Amaretto, Salz, Puderzucker und Kakaopulver zum Bestäuben, Butter zum Einfetten*

Zubereitung: *Die Eier in Eiweiß und Eigelb trennen. Die Eiweiß mit einer Prise Salz sehr steif schlagen.*

Die Eigelb mit Puder- und Vanillezucker zu einer schaumigen Creme verrühren. Dann Mehl und Speisestärke unterrühren und zuletzt vorsichtig mit einem Schneebesen den Eischnee unterheben und verteilen.
Den Backofen auf 180°C vorheizen. Ein Backblech mit Backpapier auslegen, die Masse darauf verteilen, 15 Minuten lang zu Biskuit backen. Dann auf ein Brett stürzen und das Backpapier entfernen.
Eine Schüssel bereitstellen und aus dem Biskuit einen Kreis schneiden, der dem oberen Durchmesser der Schüssel entspricht, und einen, der dem des Schüsselbodens entspricht. Das restliche Biskuit in spitz zulaufende Streifen schneiden, die in ihrer Länge der Schüsselhöhe entsprechen. Nun die Innenseite der Schüssel gut mit Butter einfetten. Den kleinen Biskuitkreis auf den Schüsselboden legen und die Seitenwände mit den Biskuitstreifen auslegen. Anschließend den Amaretto mit einem Pinsel über dem Biskuit verteilen.
Mandeln und Haselnüsse in einer Pfanne ohne Fett rösten, bis sie zu duften beginnen. 600 ml Sahne steif schlagen. Die Hälfte der geschlagenen Sahne mit dem Zucker, der Mascarpone, Mandeln und Haselnüssen vermischen. Diese Masse nun in die Schüssel füllen und die Schüssel dann 45 Minuten lang ins Gefrierfach stellen.
Die Schokolade im Wasserbad zum Schmelzen bringen und 100 ml Sahne daruntermengen. Anschließend die übrige Hälfte der geschlagenen Sahne unter die lauwarme Schokoladensahne ziehen.
Diese Schokoladensahnemasse nach Ablauf der Gefrierzeit auf der Sahne-Mascarpone-Masse in der Schüssel verteilen und mit dem großen Biskuitkreis bedecken. Über Nacht in den Kühlschrank stellen. Am nächsten Morgen noch einmal für eine Stunde ins Gefrierfach stellen. Dann herausnehmen und sofort auf eine Platte stürzen. Mit Puderzucker bestäuben, aus Papier einen Stern ausschneiden, auf die Mitte der Halbkugel legen und danach mit Kakao bestäuben. Zum Schluss den Papierstern vorsichtig entfernen.
Man kann das Rezept mit kandierten Früchten erweitern, weiße Schokolade verwenden, andere Likörsorten oder Rum. Wenn es einfacher gehen soll, kann man natürlich auch gekauftes Biskuit verwenden.

Film ab! – Die grossen Motive der Crete Senesi

Bitter ist der Verrat. Der aufrechte römische Feldherr Maximus wurde von einem Meuchelmörder hintergangen. Dieser ist der neue Kaiser, und er befiehlt die Tötung des Maximus. Maximus gelingt die Flucht, doch wird er im Kampf verletzt. Mit letzter Kraft erreicht er die Heimat. Weite Weizenfelder umgeben das Gehöft seiner Familie, das malerisch in der Ferne auf einer Anhöhe liegt. Einzelne Zypressen säumen den Weg, sanft wiegen sich die Ähren im Wind. Wie ein weiches Tuch liegt die Landschaft zum Empfang des heimkehrenden Helden ausgebreitet, die harmonisch fließenden Wellen der Hügel verheißen Geborgenheit und Frieden.

Es ist eine märchenhaft schöne Landschaft, die der Regisseur Ridley Scott für die Szene in seinem Film „Gladiator" ausgewählt hat. Ihr lieblicher Zauber steht im scharfen Kontrast zum brutalen Inhalt der Geschichte, einem epischen Drama um Heldentum, Unrecht, Verrat und Ehre.

Für die Aufnahme der Heimkehrszene hat Scott sein Set in die Toskana verfrachtet. Das einsame Gehöft, welches als Heimathof des Filmhelden dient, liegt in der Landschaft der Crete Senesi. Hier, südlich von Pienza, liegt im Val d'Orcia die Località Terrapille, und genau dort entstand die Filmszene aus „Gladiator". Es war kein

Zufall, dass Ridley Scott die Crete Senesi erwählte. Denn er kannte die Toskana von früheren Dreharbeiten her, als er Hannibal Lector durch ein gotisch düsteres Florenz schickte.

Die Crete Senesi sind eine ganz besondere Landschaft. Ihr Reiz ändert sich mit den Jahreszeiten, im Frühjahr verzaubert das junge Grün der endlosen Weizenfelder die Hügel in ein fast neongrünes Meer, das reife Korn des Frühsommers taucht sie später in wogendes Gelb. Nach der Ernte, wenn Pflüge den lehmigen Boden aufgerissen haben, verwandelt sie sich in eine wahre Mondlandschaft. Auf den erhabensten der zahllosen Hügel thronen prachtvolle Landsitze, aber auch verlassene Gehöfte. Es ist eine Landschaft wie aus einer anderen Zeit. Sie erstreckt sich von Asciano im Norden und dem Tal der Arbia im Westen bis hin zu den nördlichen Ausläufern des Monte Amiata.

Die eindrucksvolle Atmosphäre dieses Landstrichs wussten sich schon zahlreiche Regisseure zunutze zu machen. Hier entstanden Szenen des Films „Der englische Patient“, gedreht wurde im Kloster Sant‘Anna in Comprena. Die Verfilmung von Ingrid Nolls Krimi „Die Häupter meiner Lieben“ wäre ohne die Landschaft der Crete Senesi nur halb so schön. Auch James Bond war schon da, in „Ein Quantum Trost“ jagt Daniel Craig durch Siena, während die Stadt im Rausch des Palio liegt, des mörderischen Pferderennens um die Piazza del Campo. Und seit dramatische Szenen der Vampirsaga „Twilight –

New Moon" in Montepulciano, der Stadt des „Vino Nobile", aufgenommen wurden, gibt es sogar organisierte Touren, die interessierte Fans zu den Originaldrehorten karren.

Die Crete Senesi ziehen aber nicht nur Filmemacher an, auch Fotografen tummeln sich in ihrer Landschaft. Kein Wunder, hier lassen sich die faszinierendsten Aufnahmen erstellen. Wenn kurz nach Sonnenaufgang die Frühnebel in den Tälern liegen und nur die Anhöhen sich daraus emporheben, die warmen Erdfarben der Gehöfte von der aufgehenden Sonne zum Leuchten gebracht werden und Zypressen wie Wegweiser zum Himmel aus den Nebelschwaden herausragen, dann ist die große Stunde der Landschaftsfotografen angebrochen.

Manche Ecken der Crete Senesi – wie Terrapille oder das einsame Zypressenwäldchen an der Via Cassia zwischen San Quirico d'Orcia und Torrenieri – gehören mit Sicherheit zu den meistfotografierten Landschaftsmotiven der Welt. Gerade das Zypressenwäldchen übt eine geradezu magische Anziehungskraft aus. Dummerweise hat man den besten Blick darauf von einer Talbrücke, und deshalb muss man auf der Via Cassia sehr vorsichtig fahren. Denn immer wieder halten Autos völlig verkehrswidrig mitten auf der Brücke, Schnappschussjäger springen heraus und beginnen in überschwänglicher Begeisterung mit dem Fotografieren.

Ein anderes Top-Motiv, dem man ständig begegnet, ist ein einsames Gehöft, das neben einer kleinen weißen

Kapelle – der Cappella della Madonna di Vitaleta – auf einer Anhöhe liegt, gerahmt von ein paar Zypressen und Pinien, während sich im Hintergrund der mächtige Monte Amiata erhebt. Mag sein, dass die schiere Masse seiner Portraits der verkehrsgünstigen Lage dieses Motivs geschuldet ist, es liegt an der Straße zwischen Pienza und San Quirico d'Orcia, und viele Fotografen kommen ganz zufällig daran vorbei.

Und bestimmt haben Sie auch schon einmal ein Bild der langen Zypressenallee gesehen, die sich in weiten Schwüngen einen Hang hinaufwindet, auf dessen höchstem Punkt wiederum ein Bauernhaus liegt. Sie befindet sich bei La Foce, westlich von Chianciano Terme. Hier gibt es sogar einen Parkplatz mit einer Aussichtsplattform, die eigens für die Fotografen angelegt wurde.

Ein bisschen abseits der Crete Senesi liegt 35 Kilometer südwestlich von Siena schließlich die Ruine der Abtei von San Galgano. Sie stammt aus dem 13. Jahrhundert, doch nach der großen Pest von 1348 ging es mit dem Kloster bergab.

In der Mitte des 16. Jahrhunderts wurde schließlich das Bleidach der Klosterkirche verkauft, seitdem ragt ihre Ruine wie ein Gerippe in den Himmel. Sie ist in französischer Gotik erbaut, diese Architektur mit ihren hohen Spitzbögen ist für die Toskana sehr ungewöhnlich. Aber wohl nicht deshalb kommen die Fotografen, sondern wegen der morbiden Szenerie und der Stimmungen, die dramatisch wechselnde Lichteinfälle im Inneren der Kirchenruine inszenieren.

So haben die Crete Senesi in den vergangenen Jahrzehnten einen ungeahnten Aufschwung erfahren. Eigentlich sind sie nämlich ein karges Land, das kaum genug hergibt, um seine Bevölkerung zu ernähren. Viele Landwirte haben deshalb ihre Höfe aufgegeben, davon zeugen die Ruinen, die man immer wieder auf den Hügeln erblickt. Doch der Tourismus bringt neues Leben in die Region, moderne Technik erleichtert den verbliebenen Bauern ihre Arbeit. Die Gegend ist berühmt für ihren hervorragenden Schafskäse, den Pecorino. Die Stadt Pienza gilt gar als Hauptstadt des Pecorino.

Der „Gladiator" konnte freilich keinen Pecorino genießen, als er das heimische Gehöft schließlich erreichte. Stattdessen fand er seine Familie gemeuchelt, das Wohnhaus niedergebrannt. Die Szene, die so idyllisch begonnen hatte, findet ein barbarisches Ende. Doch alles ist nur das Gespinst filmischer Fantasie. Denn das Zuhause des Gladiators liegt gar nicht in der Toskana, es liegt in Spanien. So hat das schöne Terrapille nur als Statthalter gedient und kann seine anmutige Unschuld für weitere Aufnahmen bewahren.

Crostini con pecorino e capperi – Röstbrot mit Pecorino und Kapern

Zutaten für 4 Personen: *16 kleine Scheiben Ciabatta oder Weißbrot, 250 g Pecorino, 2 El Kapern (abgetropft), 6 El Weißwein, 1 Bund Rucola, 16 Cherrytomaten, 2 El Balsamicoessig, 4 El Olivenöl, Salz, Pfeffer*

Zubereitung: *180 g des Pecorino in eine Schüssel grob reiben und mit dem Weißwein und den Kapern vermischen. Die Ciabattascheiben auf ein Backblech legen und mit der Käsemischung belegen. Den Backofen auf 200°C vorheizen und die Brote ca. 15 Minuten lang backen, bis der Käse goldgelb verlaufen ist.*

In der Zwischenzeit den Rucola waschen, trockenschleudern und die Stiele entfernen. Olivenöl und Balsamico zu einem Dressing verrühren und mit Salz und Pfeffer abschmecken. Den Rucola gut mit diesem Dressing vermischen und dann auf Tellern anrichten. Die Tomaten waschen, halbieren und darauflegen. Den restlichen Pecorino sehr dünn hobeln und über dem Salat verteilen.

Zum Schluss die heißen Crostini dazulegen und servieren.

DER FALLSCHIRM UND DIE WASSERUHR – LEONARDO DA VINCI

Warum können Vögel fliegen und der Mensch nicht? Er hat keine Flügel, aber er ist intelligent. Warum baut er sich nicht einfach welche? Warum können Fische unter Wasser leben? Sie haben Kiemen, die hat der Mensch nicht. Warum baut er sich nicht einfach ein Gefäß, in dem er unter Wasser atmen kann? Eine Libelle kann für einen Moment nahezu in der Luft stillstehen. Was müsste man konstruieren, um diese Fertigkeit nachzuahmen?

Flugzeug, U-Boot und Hubschrauber sind nur einige Ideen, die Leonardo da Vinci hatte. Aber die bloße Idee war ihm zu wenig. Er betrieb ausgiebige Studien und Beobachtungen, anhand derer er Skizzen zu seinen Apparaten fertigte. Er zeichnete ein Ein-Mann-Tauchboot und eine Luftschraube, die an einen modernen Helikopter erinnert. Er erdachte eine mit schnellem Treten zu bewegende Flügelkonstruktion und andere Flugapparate. Er erfand einen eckigen Fallschirm, Schwimmflossen, einen Taucheranzug und ein Automobil mit Getriebe. Ohne Frage: Dieser Mann war ein Universalgenie von unerschöpflichem Ideenreichtum.

Und er war ein Schöngeist. Hingebungsvoll studierte er die Bewegungen von Menschen und Tieren, um beide möglichst naturgetreu malen zu können. Das perfekte Bildnis war sein Traum – er verwirklichte ihn später in jahrelanger Feinarbeit. Das Ergebnis fasziniert die Menschen noch heute genauso wie zu seinen Lebzeiten: die Mona Lisa.

Er war das Kind einer besonderen Zeit, der Renaissance. In dieser Epoche des Umbruchs starteten die Menschen zu neuen Ufern und revolutionierten innerhalb weniger Jahrzehnte Kunst, Kultur, Wissenschaft, Philosophie und Wirtschaft. Es war eine Zeit von grenzenloser Dynamik, und Leonardo da Vinci gilt als ihr bedeutendster Repräsentant. Denn mit seiner schier unerschöpflichen Vielseitigkeit verkörpert er die Explosion des Denkens in jenen Jahren wie kein anderer.

Leonardo, 1452 geboren, stammte aus Anchiano, einem winzigen Ortsteil der Gemeinde Vinci, etwa 30 Kilometer westlich von Florenz. Dieser Weiler hat sich seit seinen Lebzeiten so gut wie gar nicht verändert, es ist eine Enklave der Vergangenheit zwischen Olivenhainen und Weinbergen. Leonardos Nachname ist kein Familienname, sondern ein Hinweis auf seine Herkunft.

Sein Vater war ein junger Notar, seine Mutter sehr wahrscheinlich eine Sklavin arabischer Herkunft. Schon damals waren Patchwork-Familien an der Tagesordnung, Leonardos Mutter heiratete einen anderen und bekam weitere fünf Kinder, der Vater heiratete gleich viermal und zeugte noch elf weitere Sprösslinge. Er nahm aber auch Leonardo als Sohn an, und weil der Vater in Florenz arbeitete, verbrachte Leonardo seine Kindheit und Jugend dort. Und Florenz war damals die aufregendste Stadt der Welt. Hier war die Wiege der Renaissance, hier trafen sich alle Vordenker jener Zeit. Leonardos Vater arbeitete für die Medici, die großen Förderer von Kunst und Kultur. So war Leonardo mitten am Puls des Zeitgeschehens.

Die üblichen Schulfächer waren nicht nach Leonardos Geschmack, er tat sich schwer damit. Allen Bemühungen seines Lehrers zum Trotz erlernte er nie das Lateinische. Stattdessen interessierte er sich für Kunst, Musik und handwerkliche Tüfteleien. Früh zeigten sich seine besonderen Talente auf diesen Gebieten, und er begann seine Ausbildung in der Werkstatt eines Bildhauers und Malers.

Leonardo war ein sensibler Feingeist, er bewunderte die Schönheit der Natur und die Reize ungewöhnlicher Landschaften, seltener Pflanzen und markanter Gesichter. Das war es, was er darstellen wollte. Er war freundlich und umgänglich, zog sich aber auch immer wieder gerne in die Einsamkeit zurück. Die intensiven Männerfreundschaften, die er zeitlebens pflegte, brachten den Verdacht auf, er könne homosexuell sein. Tatsächlich sah er sich 1476 mit einer entsprechenden Anklage konfrontiert, wurde aber freigesprochen.

Auch der geniale Leonardo musste sich dem alltäglichen Kampf ums Dasein stellen. Er brauchte Geld für seinen Lebensunterhalt, und dazu war es nötig, Auftragsarbeiten anzunehmen. Diese waren nicht immer nach seinem Geschmack. Er, der sein Leben der Schönheit und Ästhetik hatte widmen wollen, sah sich gezwungen, für das Militär zu arbeiten und Kriegsapparate zu entwickeln. Denn es war eine Zeit ständiger kriegerischer Auseinandersetzungen zwischen den italienischen Stadtstaaten.

Der Herzog von Mailand nahm Leonardo in seine Dienste und ließ ihn eine Festung planen, die feindlichen Kanonenangriffen trotzen konnte. Dazu entwarf er stromlinienförmige Geschosse und ein Schnellfeuergeschütz, Panzerwagen und Katapulte. Aber er durfte auch die Konventskriche Santa Maria delle Grazie mit einem Fresco schmücken: So entstand das weltberühmte Abendmahl.

Als sich das politische Blatt in Mailand wendete, versuchte Leonardo für eine Weile, sich als Ingenieur in Venedig zu verdingen. Hier entwarf er die Pläne für Taucheranzug, U-Boot, Schwimmflossen und ein Atemgerät.

Dann kehrte er nach Florenz zurück und verrichtete in der Folgezeit die verschiedensten Aufträge, wobei er sich wankelmütig zeigte und so manche Arbeit unvollendet ließ. Die Bearbeitung eines gigantischen Marmorblocks nach seinen eigenen Vorstellungen lehnte er ab. Drei Jahre später nahm sich der junge Michelangelo dieses Steinklotzes an und formte seinen David daraus.

Leonardo hingegen gab sich seinen technischen Studien hin. Er war geradezu besessen von den Ideen, die sein lebhafter Geist ihm eingab und entwickelte die unglaublichsten Konzepte, Dinge, die noch nie zuvor ein Mensch erdacht hatte. Leider fehlten ihm die Mittel, diese Erfindungen vom Papier in die Realität umzusetzen.

Und auch seine Malerei perfektionierte er in diesen Jahren. Neben zahlreichen Auftragsmalereien entstand die Mona Lisa. Im Dienste des französischen Königs ging er schließlich als Hofmaler zurück nach Mailand. Hier ergaben sich Möglichkeiten, seine Leidenschaft für die Technik auszuleben. Als Ingenieur befasste er sich mit hydraulischen Projekten, mit Kanälen und Talsperren. Er entwickelte den weltersten Wasserzähler. Und er erdachte ein Kanalisationssystem für das überbevölkerte Mailand.

Zuletzt wurde er nach Rom berufen, das dank eines kunstbeflissenen Papstes inzwischen zum Zentrum der italienischen Kunst avanciert war. Doch hier wurde er nicht glücklich. Ruhm und Popularität gehörten seinen jüngeren Kollegen Michelangelo und Raffael. Der inzwischen über sechzigjährige Leonardo hatte keine Ambitionen, sich auf die Intrigenspiele innerhalb des Vatikans einzulassen. Er malte nur noch selten, stattdessen beschäftigte er sich mit der Sonnenenergie. Mithilfe von Hohlspiegeln verwandelte er sie in Wärme und brachte damit Wasser zum Kochen. Vielleicht bedingt durch eigene leidliche Erfahrungen entdeckte er die Arteriosklerose und verfasste Aufzeichnungen darüber, die allerdings verlorengingen.

Als der französische König ihm einen Alterssitz verbunden mit großzügiger Pension anbot, nahm Leonardo gerne an. So verbrachte er sein Lebensende in Frankreich. Der König schätzte die Gesellschaft des eloquenten Allround-Genies, und Leonardo revanchierte sich mit kleinen Wundern, wie einem mechanischen Löwen, der tatsächlich einige Schritte weit laufen konnte. Im Mai 1519 starb er auf Schloss Clos Lucè in Amboise.

Aber ein eckiger Fallschirm? Experten unserer Zeit waren fest davon überzeugt, dass diese Idee des Leonardo nicht funktionieren könne. Dennoch baute ein wagemutiger Brite das pyramidenförmige Konstrukt aus Segeltuch und Holz originalgetreu nach. Allen Warnungen zum Trotz sprang er damit im Jahr 2000 aus 3.000 Metern Höhe ab – und landete sanft und sicher.

Das Leonardo-Museum in Vinci zeigt heute die Nachbauten zahlreicher Apparaturen, die Leonardo entworfen hat, und gibt damit einen faszinierenden Einblick in die Gedankenwelt des größten Genies der Renaissance.

Spinaci al Forno – Überbackener Spinat

Zutaten für 4 Personen: *1 kg frischer Blattspinat (ersatzweise Tiefkühlblattspinat), 250 ml Milch, 200 g Ricotta, 100 g geriebener Parmesan, 2 Knoblauchzehen, 80 g Butter, 50 g Paniermehl, 2 El Mehl, Saft von ½ Zitrone, Olivenöl, Muskatnuss, Salz, Pfeffer*

Zubereitung: *Die Knoblauchzehen häuten und fein hacken. In einem großen Topf einen guten Schuss Olivenöl erhitzen und den Knoblauch darin anbraten. Den Blattspinat putzen, waschen und nass mit in den Topf geben. Mit dem Deckel verschließen und bei starker Hitze zusammenfallen lassen, dann die Hitze reduzieren. Mit Salz, Pfeffer und Muskatnuss würzen und fünf Minuten lang ziehen lassen. Zum Schluss den Ricotta unterrühren.*

Die Hälfte der Butter in einem Topf schmelzen, das Mehl einrühren und kurz anschwitzen. Dann die Milch mit dem Schneebesen einrühren, aufkochen und bei schwacher Hitze unter Rühren cremig einköcheln lassen. Vom Herd nehmen, die Hälfte des Parmesans und den Zitronensaft einrühren, mit Salz, Pfeffer und Muskat würzen.

Den Spinat in eine Auflaufform geben und dann die Sauce darüber verteilen. Den restlichen Parmesankäse mit dem Paniermehl vermischen und über die Oberfläche des Auflaufs streuen. Die restliche Butter in kleine Flöckchen schneiden und oben aufsetzen.

Den Backofen auf 200°C vorheizen und den Auflauf ca. 30 Minuten lang überbacken, bis die obere Schicht goldbraun geworden ist.

Mit frischem Ciabattabrot servieren.

Wir müssten mal einkaufen! – Alltagsleben in der Toskana

Morgen wollen Francesca und ich einen Ausflug nach Florenz machen. Ich möchte gerne noch einmal Michelangelos David in der Galleria dell'Accademia anschauen. Bisher habe ich ihn nur einmal gesehen, damals war ich dreizehn Jahre alt und besuchte Florenz zum ersten Mal. In den dazwischenliegenden Jahrzehnten bin ich zwar öfters in Florenz gewesen, aber bis zu dem schönen Jüngling habe ich es nie geschafft. Zumindest nicht zu seinem Original. Natürlich habe ich mehrfach den Bronzeabguss auf der Piazzale Michelangelo gesehen, von der aus man das berühmte Bilderbuchpanorama über Florenz genießt. Und die Kopie auf der Piazza della Signoria. Nicht zu vergessen die Abertausende von Miniatur-Davids, die mir von Souvenirständen in ganz Italien entgegenglotzten.

Aber nun will ich endlich noch einmal das echte Meisterwerk sehen. Das ist nicht so einfach, wenn man stundenlange Wartezeiten vermeiden will, muss man die Eintrittskarten für die Galleria dell'Accademia vorab im Internet bestellen. Man hat dann ein Zeitfenster von fünfzehn Minuten, in dem man hereingelassen wird. Verspäten sollte man sich nicht, und wer zu früh kommt, der wartet.

Francesca hat anderes im Sinn. Sie hat den David schon so oft gesehen, dass sie keine Lust auf das Museum hat. Aber gegenüber einem Besuch in Florenz ist sie nie abgeneigt. Florenz ist eine der führenden Modestädte Italiens, hier gibt es nicht nur Vertretungen der teuren Designer – die hat sie ja selbst in Forte dei Marmi – hier gibt es auch Boutiquen zahlreicher kleiner Modemanufakturen, Outlet-Stores und schicke Schuhläden. Auch heißt es ja immer wieder, Florenz sei berühmt für seine günstigen Lederwaren. Das hingegen, so erzählt Francesca, sei ein hartnäckiges Gerücht. An den vielen Ständen würden vielmehr billige und unmodische Importe aus dem Ausland verscherbelt, schlecht verarbeitet und viel zu teuer. Wer wirklich edles Lederzeug sucht, der sollte zu „Cellerini“ in der Via del Sole gehen. Aber er sollte auch ein gut gefülltes Portemonnaie mitnehmen.

Es gibt die herrlichsten Seiden- und Baumwollstoffe in Florenz zu kaufen. Die Weberei hat hier eine lange Tradition. Außerdem gibt es edelste Papierwaren. Berühmt ist das handgeschöpfte, farbige Papier in Marmoroptik, Francesca kauft es bei „Il Papiro“ in der Via Cavour oder an der Piazza del Duomo oder aber gleich im traditionsreichen Laden „Pineider“ an der Piazza della Signoria. Das ist wirklich etwas Besonderes, und natürlich auch nicht gerade billig.

Die „Officina Profumo Farmaceutica di Santa Maria Novella“ in der Via Scala ist allein schon zum Anschauen einen Besuch wert. Diese Drogerie existiert seit vierhundert Jahren und befindet sich in einer ehemaligen Kapelle. Hier gibt es nach Geheimrezepten gefertigte Tinkturen, Kosmetika, Seifen und Düfte. Und bei „Francesco“ in der Via Santo Spirito gibt es die besten handgefertigten Schuhe.

Der Mercato di San Lorenzo ist der größte Lebensmittelmarkt von Florenz, er befindet sich in einer großen Halle. Hier kann man Fleischwaren von bester Qualität kaufen, köstliche Käsespezialitäten, eingelegte Oliven sowie ganz frisches Obst und Gemüse.

Außerdem kennt Francesca einen kleinen Schokoladenladen, der wirklich verführerische selbstgemachte Pralinen verkauft. Kein Besuch in Florenz ohne Zwischenstopp bei Andrea Bianchini in der Via delle Bartoline!

Und dann kauft Francesca noch ein Fläschchen Likör von den Zisterziensermönchen der Certosa di Firenze. Dieses einzigartige Gebräu enthält eine raffinierte Mischung von Kräutern, Blüten und Wurzeln und wird nach jahrhundertealter Tradition in Wasserdampf über Holzfeuer destilliert. Nach monatelanger Reifung in Eichenfässern füllen die Mönche das Gebräu in Flaschen ab und verkaufen es im Laden der Monaci Cistercensi in der Via della Certosa.

Schon seit Jahrhunderten ist Florenz für seine Juweliere bekannt, die feinsten Läden reihen sich auf dem Ponte Vecchio aneinander. Besonders die Florentiner Silberwaren sind hochbegehrt. Aber Derartiges werden wir nicht kaufen. Francesca meint, sie könne sich das nicht leisten.

Eigentlich wundere ich mich ohnehin, wie Francesca das Leben im teuren Forte dei Marmi bewerkstelligt. Sie verdient nicht übermäßig viel, und auch ihr Mann Ettore wird als Lehrer nicht gerade fürstlich bezahlt. Überhaupt war sein Berufsleben viele Jahre lang ziemlich prekär. Als junger Lehrer erhielt er keine Festanstellung, sondern hangelte sich mit Jahresverträgen von Schuljahr zu Schuljahr. Nie wusste er, was ihn im nächsten Jahr erwartete. Mal war es eine Anstellung in Salerno, im nächsten Jahr ging es an den Gardasee. Oft wusste er zu Beginn der dreimonatigen Sommerferien im Juni noch nicht, wohin es ihn bei Schulbeginn im September verschlagen würde. Deshalb kann er froh darüber sein, jetzt in Forte dei Marmi eine Festanstellung gefunden zu haben.

Doch der Lebensunterhalt ist teuer. Ein Großteil des Geldes geht schon für die monatliche Miete des kleinen Häuschens drauf. Die in Italien exorbitant hohen Energiekosten tun ein Übriges zur Schmälerung der Haushaltskasse. Und wenn ich mich im italienischen Supermarkt so umschaue, stelle ich fest, dass die Lebensmittel nicht gerade billig sind. Als von Discounterpreisen verwöhnte Deutsche muss ich hier oft ganz schön schlucken.

Zum Beispiel hat das Olivenöl, ein Grundnahrungsmittel der italienischen Küche, ziemlich deftige Preise. Und an der Qualität darf keineswegs gespart werden, gutes Öl ist beim Kochen schon die halbe Miete.

Francesca kauft ihr Öl nicht im Supermarkt. Überall gibt es Ölmühlen, die ihre Produkte im Direktverkauf anbieten. Als wir letztens in San Gimignano waren, hat

Francesca sich mit zwei Fünfliterkanistern eingedeckt. Sie kauft ihr Öl schon seit vielen Jahren in einer dortigen Kooperative, ihrer Meinung nach ist es das beste Olivenöl überhaupt. Die Geschmacksunterschiede sind nämlich gravierend. Eine besondere Spezialität ist das frische, noch ganz trübe Öl. Es ist wirklich köstlich. Allerdings auch nicht gerade billig.

Anders sieht es da schon mit dem Wein aus. Den kauft Francesca ganz in der Nähe der Ölmühle, bei der „Cantina Sociale" in Certaldo. Bei diesem Winzergenossenschaftsbetrieb kann man Wein in Flaschen kaufen, man kann aber auch mitgebrachte Plastikbehälter befüllen lassen, und das ist dann wirklich äußerst preiswert. Francesca bevorratet sich gleich mit einem Fünfzig-Liter-Behälter. Natürlich geht es auch mit kleineren Gebinden. Zu Hause zieht Francesca diesen Wein auf Flaschen ab. Für günstigen Wein ist dann erst mal gesorgt.

Ihren Grappa kaufen Francesca und Ettore bei Bekannten, die an den Hängen der Apuanischen Alpen wohnen und schwarzbrennen. Gleich nebenan gibt es frische Eier und Geflügel direkt vom Bauern. Der Nachbar ist Jäger, bei ihm kauft man günstiges Wildschweinefleisch, Wachteln und Tauben. Und wenn sie einmal da sind, befüllen sie gleich mehrere Fünf-Liter-Plastikbehälter mit Wasser aus einer dort oben liegenden Quelle.

Der Küstenstreifen der Versilia zwischen Apuanischen Alpen und dem Meer ist etwa vier Kilometer breit.

Dieser Landstrich ist dicht besiedelt, das Bauland in der begehrten Lage ist kostbar. Doch in der Nähe der großen Straßen, der Autobahn und der Via Aurelia, gibt es auch noch ausgedehnte landwirtschaftliche Flächen. Hier haben Francesca und Ettore ein kleines Stück Land gepachtet und betreiben eine Art Schrebergarten. Das Fleckchen Erde versorgt sie mit frischen Tomaten, Auberginen, Paprika, Zucchini, Zwiebeln, Knoblauch, Kräutern und Salat. Es gibt auch einen Feigenbaum, dessen üppigen Ertrag Francesca zu köstlicher Feigenmarmelade verarbeitet. Und aus den Tomaten, die im Herbst noch nicht richtig ausgereift sind, macht sie Grüne-Tomaten-Marmelade. Das übrige Gemüse legt sie für den Winter in Olivenöl ein. Man muss sich eben zu helfen wissen. Auf ihrer Terrasse stehen ein paar Zitronenbäumchen in Terracottatöpfen, die Francesca und Ettore rund ums Jahr mit frischen Zitronen versorgen. Und Käse bringt Francesca von ihren Ausflügen nach Certaldo mit, denn hier kennt sie eine Bäuerin, die hervorragenden Pecorino macht und preiswert verkauft.

Wenn mal eine Reparatur fällig ist, kennt man den entsprechenden Handwerker, und der hilft für kleines Geld. Wer braucht schon eine Rechnung?

Für die besonderen Dinge – Florentiner Papier, Mönchslikör oder Schokolade – gibt man dann auch mal ein bisschen mehr aus. Bei allen übrigen Dingen, die man so braucht, weiß man eben, wo es die günstig zu kaufen gibt. Und das ist ganz bestimmt nicht im Supermarkt.

VERDURE SOTT'OLIO – ANTIPASTI-GEMÜSE IN ÖL

Zutaten: *2 kleine Zucchini, 2 kleine Auberginen, 2 rote Paprika, 2 gelbe Paprika, ½ Blumenkohl, 100 g Perlzwiebeln, 8 Knoblauchzehen, 2 Zitronen, 4 Rosmarinzweige, 6 Thymianzweige, 500 ml Olivenöl, 1 Tl Zucker, Salz, Pfeffer*

Zubereitung: *Zucchini und Auberginen waschen und die Stielenden entfernen, dann in Scheiben schneiden. In einer Pfanne Olivenöl erhitzen und die Scheiben darin goldbraun anbraten. Mit Salz und Pfeffer würzen.*

Den Blumenkohl in Röschen teilen, waschen und in siedendem Salzwasser 15 Minuten lang kochen, danach gut abtropfen lassen.

Paprika waschen, entkernen und in breite Streifen schneiden. Mit der Hautseite nach oben auf ein mit Olivenöl eingeöltes Backblech legen. Zwiebeln und Knoblauch schälen und dazulegen. Im vorgeheizten Backofen bei 180°C 15 Minuten lang backen. Danach die Paprika 5 Minuten lang mit einem feuchten Tuch bedecken, anschließend die Haut abziehen und entfernen.

Nun sämtliches Gemüse schichtweise in ein großes Einmachglas füllen. Dazwischen die Rosmarin- und Thymianzweige verteilen.

Die Zitronen auspressen und den Saft mit dem restlichen Olivenöl, Zucker, Salz und Pfeffer gut vermischen. Das Glas damit bis zum Rand auffüllen und gut verschließen.

Anschließend das Glas in einen Topf mit heißem Wasser stellen. Bei schwacher Hitze 30 Minuten lang leise köcheln lassen.

Im verschlossenen Glas hält sich das Gemüse nun mehrere Wochen lang.

Man serviert es mit Käse, Salami, Parmaschinken, Oliven und frischem Weißbrot. Das Öl fängt man beim Abtropfen des Gemüses auf und verwendet es als Salatöl weiter.

David – der schönste Mann Italiens

So bin ich also nach vielen Jahrzehnten endlich wieder bei David gelandet. Ich hatte vergessen, wie groß er ist. Die Kopien sind natürlich genauso groß, aber sie stehen draußen und verlieren ihre Dimensionen in der Relation zu den umliegenden Gebäuden und zur Weite des Himmels. Wie er da so unter seiner Lichtkuppel steht, ist er schon beachtlich mit seinen 5,17 Metern Größe. Die vielen Museumsbesucher, die sich ehrfürchtig um ihn herum scharen, wirken dagegen wie Liliputaner.

Außerdem beeindruckt das Original durch seine Reinheit und Perfektion. Die beiden Florentiner Kopien haben durch Wetter, Abgase und Taubenexkremente gelitten und eine erhebliche Patina angesetzt. Doch Michelangelos David ist makellos und glatt, aus strahlend weißem Carraramarmor, ohne jeden verfärbenden Einschluss. Er wirkt fast unwirklich.

Entspannt steht der schöne Jüngling auf seinem Sockel, die Steinschleuder lässig geschultert, nur die kräftigen Muskeln und die an der Hand hervortretenden Adern lassen seine Kampfbereitschaft erahnen. Das Sixpack lässt so manchen Bodybuilder vor Neid erblassen. Sein Blick scheint auf einen fernen Punkt fokussiert, die Lockenfrisur ist ein wenig ungezähmt und erzählt von der ungestümen Wildheit der Jugend. Gleichzeitig wirkt er in seiner verletzlichen Nacktheit unverdorben und frei von jedem Arg.

Keine Frage, er ist ein Held, kein Bösewicht. Aber er wird sich auch nichts bieten lassen, er weiß sich zu schützen.

Würde man David auf Augenhöhe begegnen, wäre man erstaunt über die unrealistisch aufgewölbten Proportionen seiner Stirnfalten. So von unten betrachtet wirken sie aber ganz natürlich. In Kleinigkeiten wie dieser zeigt sich das wahre Genie seines Erschaffers, Michelangelo Buonarroti. Denn der hat keineswegs einen Menschen 1:1 in Stein gehauen, er hat die Perspektive des unten stehenden Betrachters dabei ganz genau berechnet und in sein Werk miteinbezogen. Aus dem gleichen Grund sind Hände und Kopf überproportional groß. Ursprünglich sollte die Statue nämlich sogar einen noch höheren Platz erhalten, in großer Höhe außen am Domchor der Kirche Santa Maria del Fiore angebracht. Die dadurch im Auge des Betrachters bedingte perspektivische Verzerrung gedachte Michelangelo geschickt auszugleichen.

Doch die Signoria, die regierende Ratsverwaltung der Stadt, überlegte es sich anders und ließ den fertigen David vor dem Palazzo Vecchio aufstellen. Das erregte heftigen Protest, Steinewerfer bombardierten die Statue, Wachen mussten bereitgestellt werden, um Schaden von ihr abzuwenden. Und das, obwohl Michelangelo die äußeren Geschlechtsmerkmale seines David – wiederum unproportioniert – fast schon kümmerlich klein gehalten hatte.

Doch so etwas war man im Florenz des Jahres 1504 einfach nicht gewöhnt. Michelangelos David war die erste

Kolossalstatue – also überlebensgroße Darstellung eines Menschen – seit dem klassischen Altertum. Alle bisherigen Darstellungen der biblischen Figur zeigten zudem einen kleinen und schmächtigen David, der den Sieg über Goliath bereits errungen hat, zum Beweis liegt ihm der abgeschlagene Kopf des Riesen zu Füßen. Niemand hatte es bisher gewagt, David als jugendlichen Helden darzustellen, athletisch, muskulös und siegesgewiss, in fast schon überheblicher Pose angesichts des bevorstehenden Kampfes. In seiner körperlichen Schönheit war dieser David nur mit Götzendarstellungen der Antike zu vergleichen. Michelangelos Werk war eine Provokation.

Und der Meister hatte es damit nicht leicht gehabt. Er war 1475 im Dorf Caprese in der toskanischen Provinz Arezzo geboren worden und in Florenz aufgewachsen. Nach dem Studium der Freskenmalerei besuchte er die Kunstschule des Lorenzo de' Medici, der ein großer Humanist und Förderer der schönen Künste war. Als nach Lorenzos Tod unter Savonarola der schöngeistige Aufbruch der Renaissance in Florenz zum Erliegen zu kommen drohte, ging Michelangelo nach Rom und kam mit Werken wie der Pietà als Bildhauer zur Ruhm.

1501 kehrte er nach Florenz zurück. Savonarola war inzwischen hingerichtet worden, die Pracht der Renaissance blühte wieder auf. Beschwingt und inspiriert vom allgemeinen künstlerischen Aufbruch gedachten die Herren der Wollweberzunft, nun endlich etwas Sinnvolles mit dem kostbaren, riesigen Marmorblock anstellen zu lassen, der schon seit mehr als dreißig Jahren im Domgarten herumlag. Schon zwei Bildhauer hatten sich an dem Ding versucht, beide hatten irgendwann entnervt wieder aufgegeben. Und Leonardo da Vinci hatte den Auftrag rundheraus abgelehnt.

Nun lag der Marmorklotz grob behauen herum und keiner wusste so recht, was man damit machen sollte. Doch dann kam Michelangelo. Sinngemäß soll er einmal auf die Frage, wie er seine ungeheuer lebensechten, gefühlstiefen Skulpturen erschaffe, geantwortet haben, das sei kein Problem, denn die Statuen seien doch schon da. Er müsse lediglich drumherum das überflüssige Steinmaterial entfernen.

So vermutet man nun, dass David den linken Arm anwinkeln musste, weil die vor Michelangelo mit dem Marmorblock befassten Dilettanten zu wenig Volumen für einen herabhängenden Arm übrigließen. Vielleicht hatten sie gerade deshalb die Arbeit niedergelegt, als sie den Mangel erkannten. Michelangelo aber verstand es, aus der Not eine Tugend zu machen und der Figur mithilfe des angewinkelten Arms gerade erst ihre lässig-kampfbereite Dynamik zu verschaffen.

War auch so mancher Bürger schockiert über den freizügigen Schönling, so überwog doch schnell die Zahl der begeisterten Fans des Meisterwerks. David geriet zum Sinnbild des freien und unabhängigen Florenz. Welche Katastrophe, wenn ihm ein Leid geschähe!

Doch das widerfuhr ihm schon bald. In Florenz herrschten heftige politische Unruhen, bis es 1512 den Medici gelang, die Herrschaft wieder an sich zu reißen. Im Zuge des allgemeinen Aufruhrs flog eine Bank aus einem Fenster des Palazzo Vecchio und zertrümmerte den angewinkelten Arm des David. Erst dreißig Jahre später gelang die vollständige Reparatur mit den Bruchstücken, die sorgsam aufbewahrt worden waren.

Im 19. Jahrhundert schaffte man David dann in den eigens für ihn errichteten Kuppelraum der Galleria dell'Accademia, in dem er noch heute steht. Die Jahrhunderte, in der die kostbare Statue Regen, Frost und Vogelexkrementen ausgesetzt gewesen war, hatten ihr zu sehr geschadet. Man polierte sie sorgsam auf, stellte eine Kopie vor den Palazzo Vecchio und wiegte sich im Glauben, nun könne dem David keinerlei Unbill mehr widerfahren.

Doch 1991 haute ihm irgendjemand mit dem Hammer Stücke aus dem Fuß, bevor derjenige von Sicherheitskräften überwältigt werden konnte. Schon im 19. Jahrhundert hatten seine Füße durch Vandalismus zweimal Schaden genommen. Die makellose Schönheit des David scheint immer wieder Neider auf den Plan zu rufen.

Doch stets hat man ihn nach den Angriffen wieder sorgfältig restauriert. Die letzte große Generalüberholung gab es 2003. Mit weichen Papiertüchern und destilliertem Wasser wurde er einer sanften Ganzkörperwaschung unterzogen. Und zwar ganze acht Monate lang. Da blieb kein Staubkörnchen übrig. Um es in Zukunft einfacher zu haben, entstaubt man den jungen Mann jetzt alle sechs Monate. Damit er auch in vielen Jahrzehnten noch so jugendlich frisch erstrahlt wie heute.

Biscotti Fiorentini – Florentiner Plätzchen

Zutaten: *250 ml Sahne, 125 g Zucker, 2 Pck. Vanillezucker, 150 g Mandelblättchen, 150 g Haselnussblättchen, 100 g Haferflocken, 80 g Butter, 50 g Speisestärke, je 1 El abgeriebene Schale einer unbehandelten Zitrone und Orange, 1 El Zimt, 1 Tl Kardamon, 1 Prise Nelkenpulver, 1 Prise Muskat, ½ Tl Salz, 150 g Zartbitterkuvertüre*

Zubereitung: *Die Sahne mit dem Zucker, den Gewürzen, Salz, Vanillezucker, Zitronen- und Orangenschale sowie der Butter in einem Topf erhitzen. Unter Rühren kurz aufkochen, dann vom Herd nehmen und Mandeln, Nüsse, Haferflocken und Speisestärke gut unterrühren. 20 Minuten quellen lassen, dann erneut rühren.*

Ein Backblech mit Backpapier auslegen, mit dem Esslöffel kleine Häufchen der Masse darauf setzen und jeweils leicht plattdrücken. Den Backofen auf 180°C vorheizen und die Plätzchen mit Umluft ca. 15 Minuten lang backen. Nicht zu dunkel werden lassen.

Auf einem Rost abkühlen lassen und inzwischen die Kuvertüre im Wasserbad schmelzen. Die Unterseite der vollständig abgekühlten Florentiner mit der Kuvertüre einpinseln, trockenen lassen und in einer gut verschließbaren Dose aufbewahren.

Das beliebte Weihnachtsgebäck wurde von einem Florentiner Bäcker erfunden.

Alte Würde kann nichts erschüttern – ein Spaziergang durch Florenz

Nach meinem Besuch bei David habe ich noch etwas Zeit und beschließe, durch Florenz zu schlendern. Francesca ist noch auf den Mercato delle Pulci gegangen, den berühmten Trödelmarkt von Florenz auf der Piazza dei Ciompi. Hier gibt es allen möglichen Krimskrams, aber auch wertvolle Stücke, Schmuck, Tafelsilber, Münzen, alte Drucke, Porzellan, Gemälde und Antiquitäten. Francesca hat schon so manche dekorative Kleinigkeit für ihr Zuhause hier entdeckt. Auch ich besuche diesen Markt gerne, gibt es doch kaum einen anschaulicheren Weg, Einblick in die Kultur der Florentiner zu erhalten. „Mercato delle Pulci" heißt übersetzt einfach nur „Flohmarkt", es gibt mehrere davon in Florenz, doch der beste ist der auf der Piazza dei Ciompi. Er ist täglich von 7 bis 19:30 Uhr geöffnet, es bietet sich also immer genug Zeit für einen ausgedehnten Besuch.

Aber heute habe ich keine Lust dazu. Ich spaziere von der Galleria dell'Accademia durch die Straßen der Altstadt in Richtung Dom, es sind die Wege, die alle Touristen einschlagen. Vor zwanzig Jahren, als ich Florenz mit meinem Collie besuchte, traf ich hier einen Mexikaner, der mich wenige Tage zuvor in Venedig wegen meines Hundes angesprochen hatte. Die Welt der Touristen in Italien ist manchmal sehr klein.

Wie ich so durch die würdevollen alten Gassen gehe, die gerahmt von hohen Renaissancebauten in Richtung Piazza del Duomo führen und vom bunten Gewusel der vielen Menschen aus aller Welt gänzlich unbeeindruckt scheinen, denke ich an meinen ersten Besuch in dieser Stadt.

Damals war ich dreizehn Jahre alt, und meine Eltern kannten eine Dame, die in einer beeindruckenden Villa lebte. Das Anwesen lag ein bisschen außerhalb in den grünen Hügeln am nördlichen Stadtrand, versteckt hinter hohen Steinmauern. Es war ein Florentiner Landhaus wie aus dem Bilderbuch, mit großem im italienischen Stil angelegten Garten und hohen Flügeltüren, die sich von den Wohnräumen dorthin öffneten. Im Salon stand ein riesiger Flügel, die Dame war nämlich eine Urenkelin des Komponisten Hummel. Es war ein gediegener Haushalt des gehobenen Bürgertums einer vergangenen Epoche. Ich war sehr beeindruckt.

Selbstverständlich bestand das Begleitprogramm des damaligen Florenzbesuchs aus den üblichen Besichtigungen. Meine Eltern waren nämlich beflissene Bildungsbürger. Wir besuchten nicht nur David, Dom, Ponte Vecchio und Piazzale Michelangelo, sondern selbstverständlich auch die Uffizien, die Schatzkammer der Medici. Damals ging das noch völlig ohne jede Wartezeit, heute empfiehlt es sich auch hier, die Karten für einen festen Termin vorab im Internet zu bestellen.

Die Uffizien sind übervoll mit prachtvollen Kunstwerken aus der Zeit von der Antike bis zum Barock. Sie enthalten die Sammlungen der kulturell engagierten Adelsfamilie de' Medici, die im 15. und 16. Jahrhundert die Regenten von Florenz stellte und eine der einflussreichsten Dynastien dieser Epoche in ganz Europa war. Unter den Meisterstücken der Uffizien stechen „Die Verkündigung" des Leonardo da Vinci, ein Selbstportrait von Raffael, der berühmte „Bacchus" von Caravaggio, Lucas Cranachs „Martin Luther" und natürlich die überschwänglichen Gemälde „Die Geburt der Venus" und „Der Frühling" von Sandro Botticelli besonders heraus. Diese beiden Bilder mit ihrer mystischen Schönheit haben mich auch als Dreizehnjährige sehr beeindruckt. Ich muss aber gestehen, dass die düstere Kirchenkunst, die die Uffizien zu weiten Teilen füllt, mich damals nicht gerade begeistert hat.

Wie anders ist da der Dom mit seiner farbenprächtigen Fassade! Das Bauwerk von di Cambio und Brunelleschi ist mit rotem, grünem und weißem Marmor gestaltet und mit einer üppig verzierten Fassade versehen. Die gewaltige rote Kuppel Brunelleschis gilt als architekturtechnisches Meisterwerk ihrer Zeit. Passend zum Dom entwarf Giotto den 85 Meter hohen Glockenturm. Das zugehörige Baptisterium ist schon älter, es wurde auf den Grundmauern eines römischen Bauwerks, vermutlich eines Tempels, errichtet. Besonders prachtvoll sind seine vergoldeten Bronzeportale aus dem 14. und 15. Jahrhundert, die in plastischen Darstellungen Bilder aus der biblischen Geschichte zeigen.

Weiter geht es in Richtung Arno über die Piazza della Signoria, an der neben dem üppigen Neptunbrunnen der berühmte Palazzo Vecchio liegt. Er war Sitz der regierenden Signoria und damit Zentrum der weltlichen Macht von Florenz. In ihm befindet sich der riesige „Saal der Fünfhundert", eine 53 x 22 Meter große Halle, die auf Wunsch des Dominikaners Savonarola angelegt wurde. Er hatte beabsichtigt, Florenz mithilfe eines fünfhundert Mitglieder starken Rats zu regieren, der in diesem Saal zusammenkommen sollte. Daraus wurde freilich nichts, Savonarola wurde entmachtet und hingerichtet.

Dem zum Trotz wollte man den Saal prachtvoll ausgestalten, wo er nun schon einmal da war. Man rief einen Wettstreit der beiden größten damals lebenden Künstler aus – Leonardo und Michelangelo. Beide sollten jeweils eine der Längsseiten des Saals mit gigantischen Fresken versehen. Doch Künstler sind sprunghafter Natur. Leonardo verließ die Lust auf halbem Weg und er stellte die Arbeit einfach ein. Michelangelo kam über die Entwürfe gar nicht erst hinaus. Giorgio Vasari, Maler und Architekt aus Arezzo, nahm sich in der 2. Hälfte des 16. Jahrhunderts des verwaisten Saales an, welcher die ihm anfangs zugedachte Funktion ohnehin niemals mehr erfüllen sollte.

Gleich neben dem Palazzo Vecchio liegt die Loggia dei Lanzi, ein Arkadenbau, der ursprünglich für öffentliche

Kundgebungen errichtet wurde. Er ist mit einigen Statuen im klassischen Stil geschmückt – ein paar davon sind sogar tatsächlich altrömisch – und diente als Vorbild der Münchener Feldherrenhalle.

Nun lasse ich mich vom Strom der Touristen weiter mitziehen bis zum Ponte Vecchio. Wie immer quillt die berühmte Brücke über vor Besuchern. Sie steht seit 1345 an der Stelle einer alten etruskischen Brücke und ist mit Häusern bebaut. Die Stadtplaner verstanden es auch schon zur damaligen Zeit, den so begrenzten wie begehrten innerstädtischen Raum optimal zu nutzen. Ursprünglich reihten sich hier die Fleischerläden aneinander, die ihre Abfälle praktischerweise gleich in den unten fließenden Arno werfen konnten. Dazu gesellten sich Gerbereien, die ihre uringeträngten Rohmaterialien im Fluss auswuschen. Diese allgemeine Stinkerei mitten in der Stadt erregte allerdings zunehmend das Missfallen der Bürger. 1565 wurden Gerber und Schlachter kurzerhand ausquartiert, seit dieser Zeit gab es nur noch Juweliere in den Läden auf der Brücke. Deren Tätigkeit verursacht nämlich keinerlei Geruchsemissionen.

Hier endlich treffe ich Francesca. Sie hat auf dem Flohmarkt für relativ kleines Geld vier alte Silberbecher ergattert. Also doch Silber! Begeistert dreht sie eins der Stücke in der Hand. Es stammt von einem traditionsreichen Florentiner Silberschmied, wie der Stempel beweist. Offensichtlich hat sie wieder einmal ein echtes Schnäppchen gemacht!

Bistecca alla Fiorentina

Zutaten für vier Personen: *ein ca. 1.300 g schweres, 6 cm dickes und gut abgehangenes Porterhouse- oder T-Bone-Steak, aus dem ganzen Zwischenrippenstück geschnitten (mit Filet, Knochen und Roastbeef), idealerweise vom Chianina-Rind, Saft einer Zitrone, bestes Olivenöl, schwarzer Pfeffer aus der Mühle, Salz*

Zubereitung: *Das Fleisch waschen, trockentupfen und ringsum mit Zitronensaft beträufeln, pfeffern und salzen.*

Einen Holzkohlegrill gut anheizen, sodass er sehr viel Hitze entwickelt. Anschließend das Steak von jeder Seite 5 Minuten lang grillen. Dann auf ein Holzbrett mit Ablaufrinne legen und sofort mit Alufolie abdecken.

Fünf Minuten ruhen lassen, dann mit Olivenöl beträufeln, noch einmal Pfeffer darüber mahlen und servieren. Zum Verzehr quer zum Knochen nicht zu breite Scheiben abschneiden.

Nach Belieben Rucola darüberlegen und Zitronenachtel dazu reichen.

Dazu passen Salat aus weißen Bohnen, ein gemischter Salat, grüne Bohnen, Rosmarinkartoffeln und/oder Ciabattabrot.

Chianina-Rinder sind die größte und eine der ältesten Rinderrassen der Welt. Es gibt sie schon seit etruskischer Zeit. Sie sind nach dem Tal des Flusses Chiana benannt, der in der Nähe von Arezzo entspringt und durch die Provinz Siena in Richtung Umbrien fließt.

Vasen und Gold – der Reichtum von Arezzo

Vor der Rückreise nach Deutschland habe ich mir noch eine Terracotta-Vase für die heimische Terrasse gekauft. Das gute Stück ist mit einer glänzend rostroten Glasur überzogen und weist ein prächtiges Relief auf, das Menschen zeigt, die Körbe voller Weintrauben tragen. Es erinnert an altrömische Keramikarbeiten, so wie man sie aus dem Museum kennt.

Die Vase war nicht gerade billig, aber Francesca meint, die Investition würde sich lohnen. Denn es ist immerhin eine echte Terra Sigillata, meine Vase ist ein direkter Nachfahre des römischen Tafelgeschirrs.

Es war im ersten vorchristlichen Jahrhundert, als eine Töpferwerkstatt in Arezzo, das damals noch Arretium hieß, damit begann, ihre Waren mit Reliefmustern zu verzieren und danach in feinen Tonschlamm zu tunken. Während des fünftägigen Brands bei anhaltenden Temperaturen von rund 950° Celsius festigte sich nicht nur die Töpferware, der äußere Tonschlamm oxidierte und bildete schließlich eine glänzende, wasserundurchlässige Glasur. Je nach Eisengehalt des Tonschlamms variierte die Farbe dabei zwischen Dunkelrot und leuchtendem Orange.

Die Reliefs zu erzielen, war nicht ganz so einfach. Dazu musste man erst einmal eine dickwandige Form herstellen, in die man die gewünschten Muster als Negativ eindrückte. Nach dem Brennen ließen sich in dieser Form zahlreiche Exemplare des gewünschten Gefäßes herstellen. Die wurden dafür zunächst auf einer Töpferscheibe vorgeformt, dann in die Form gepresst, um die Reliefs zu erzielen, und schließlich noch einmal auf der Töpferscheibe nachbearbeitet, um die gewünschte endgültige Gestalt auszuarbeiten und zum Beispiel einen Fuß oder einen speziellen Rand hinzuzufügen.

Diese neue Tafelgeschirrmode aus Arezzo fand schnell Anhänger unter den wohlhabenden römischen Familien im ganzen Reich. Das Geschirr war praktisch – weil wasserabweisend – und zudem ausgesprochen ästhetisch. Es entsprach genau dem damaligen Zeitgeist.

Doch wo immer sich ein großer Markt für eine Ware auftut, finden sich schnell Nachahmer, die an dem Geschäft teilhaben wollen. Die Töpfer aus Arezzo versahen ihre Produkte mit Herkunftssiegeln, aber das konnte nicht verhindern, dass auch andere Werkstätten in die Herstellung einstiegen.

Die Terra Sigillata verbreitete sich im ganzen Reich, von Südfrankreich bis in den Norden von Gallien und ins heutige Schwabenland, nach Südengland und außerdem in die Länder des Orients.

Noch heute werden in Arezzo die echten „Aretiner Vasen“ hergestellt. Denn man hat die mehr als zweitausendjährige Tradition durch die Jahrhunderte bewahrt. Aretiner Vasen sind nach wie vor ein wertvolles Qualitätsprodukt.

Überhaupt hat man es in Arezzo mit hochwertigen Dingen. Die Stadt zeigt schon rein äußerlich, dass sie Wert auf das Besondere legt. In ihrem mittelalterlichen Kern reihen sich vornehme Adelshäuser, Palazzi der wohlhabenden Kaufleute und prachtvolle Kirchen aneinander. Da sieht man gleich: Hier wohnte Geld!

Denn Arezzo kam nicht nur dank seiner Vasen zu Reichtum. Noch bekannter wurde die Stadt dank ihrer Goldschmiede. Die ziselierten ihren Schmuck so fein, dass er Arezzo berühmt für die prachtvollen Geschmeide machte, die hier entstanden. Und entstehen. Nach wie vor gibt es hunderte von Handwerksbetrieben in Arezzo, hier werden Monat für Monat sage und schreibe an die zehn Tonnen Gold verarbeitet!

Aber die Touristen kommen nicht nur nach Arezzo, um Schmuck und Töpferwaren einzukaufen. Die meisten kommen, weil sie die weltberühmten Fresken des Piero della Francesca betrachten wollen. Sie verbergen sich hinter der schlichten Backsteinfassade einer Franziskanerkirche aus dem 14. Jahrhundert. Ein Jahrhundert später bemalte della Francesca ihre Innenwände mit dem opulenten Freskenzyklus „Legende vom Wahren Kreuz", einer Bildergeschichte, die vom Tod Adams bis zum triumphalen Einzug des byzantinischen Kaisers Herakleios in die Stadt Jerusalem im Jahr 628 reicht, der „Rückführung des Kreuzes" in die damals von Persern besetzte Stadt. Die Perser hatten zuvor bei ihrer Eroberung Jerusalems das

Kreuz Christi mitgehen lassen, Herakleios besiegte sie und zwang sie zur Rückgabe der Reliquie. Das Kreuz ging dann später bei einer anderen Schlacht wieder verloren, aber das wird nun zu kompliziert. Piero della Francesca hat davon auch nichts mehr gemalt.

Wenn man dann – nachdem man den Bilderzyklus hinlänglich auf sich hat wirken lassen – wieder durch die Straßen der Altstadt schlendert, kommt einem vielleicht die eine oder andere Ecke unwillkürlich bekannt vor. Das mag daran liegen, dass Roberto Benigni seinen hochgelobten Film „Das Leben ist schön" zu großen Teilen in Arezzo gedreht hat.

Einer der berühmtesten Söhne der Stadt ist übrigens der Dichter Francesco Petrarca, der als einer der Mitbegründer des Humanismus gilt und dessen Werke der Renaissance entscheidende Denkanstöße gaben. Er gilt als einer der Wegbereiter der Wandelung des Abendlands in der Entwicklung vom Mittelalter zur Neuzeit. Und ganz nebenbei gilt er auch als Vater aller Bergsteiger, seit er 1336 den südfranzösischen Mont Ventoux erklommen hat. Neben Dante Alighieri und Giovanni Boccaccio ist Francesco Petrarca einer der wichtigsten Literaten Italiens.

Arezzo ist eine schöne und sehenswerte Stadt. Kaum verständlich, dass sie weit weniger besucht wird als die anderen Kunststädte der Toskana. Ich jedenfalls werde mein Erinnerungsstück an Arezzo, die schöne Aretiner Vase, in Ehren halten. Immer, wenn ich die Traubenträger auf dem Relief betrachte, werde ich an die Stadt denken. Ob sie die Trauben zum Keltern bringen? Sie machen doch sicherlich Wein daraus, was auch sonst? Denn Wein ist das Lebenselixier der Toskana.

Pollo d'Arezzo – Hähnchen aus Arezzo

Zutaten für 4 Personen: *2 kleine Brathähnchen, 2 Chilischoten, 4 Knoblauchzehen, Saft einer Zitrone, 10 Blätter Salbei, 4 Zweige Rosmarin, 8 Zweige Thymian, 100 ml Olivenöl, grobes Meersalz, Salz, Pfeffer*

Zubereitung: *Die Hähnchen waschen, trockentupfen und putzen. Anschließend jeweils längs entlang des Rückgrats und der Brustmitte in zwei Hälften teilen. Die Salbeiblätter waschen und trockentupfen, Knoblauch schälen, Chilischoten entkernen und alles fein hacken. Das Olivenöl mit dem Zitronensaft, Salz, Pfeffer, Knoblauch, Chili und Salbei gut vermischen und die Hähnchenhälften damit rundum einpinseln. In eine Schüssel legen und die Rosmarin- und Thymianzweige zwischen den Hähnchenhälften verteilen, die restliche Ölmischung darübergießen, abdecken und mindestens 4 Stunden lang im Kühlschrank marinieren lassen.*

Den Backofen auf 180°C vorheizen. Die Hähnchenhälften mit der Hautseite nach oben auf ein hohes Backblech legen. Noch einmal reichlich mit dem Öl beträufeln, übriges Salbei, Knoblauch und Chili sowie die Rosmarin- und Thymianzweige darauf verteilen. Zum Schluss etwas grobes Meersalz darüber streuen.

In den Backofen geben und 45 Minuten lang backen. Zum Schluss den Backofengrill dazuschalten und noch einmal 5 Minuten lang grillen, bis die Haut gebräunt ist.

Mit Salat und Ciabattabrot servieren.

Die Kinderstube des Bacchus – Weinanbaugebiete der Toskana

Der Wein ist das wichtigste Getränk Italiens. Bei keiner Mahlzeit darf er fehlen – wenn man vom ohnehin spärlichen Frühstück einmal absieht. Das war schon immer so, bereits die Etrusker verstanden sich auf den Anbau und das Keltern von Wein. Woher diese Eisenherren der Toskana gekommen waren, weiß man bis heute nicht so recht. Ihre Kultur begann um das Jahr 1000 v.Chr. scheinbar aus dem nichts aufzublühen. Vielleicht entwickelte sie sich aus der älteren Villanovakultur, möglich ist es aber auch, dass die Etrusker aus Kleinasien in die Toskana kamen. Und hier war der Weinbau schon lange bekannt. Schon seit 9.000 Jahren wird im Nahen Osten Wein kultiviert.

Lange bevor die Römer den Wein zum Alltagsgetränk in ihrem Riesenreich machten und ihm damit zu seinem Siegeszug durch Europa verhalfen, wurde also in der Toskana bereits Wein hergestellt. Kein Wunder, dass hier die berühmtesten Weinanbaugebiete Italiens liegen.

Die beliebteste Traubensorte der Toskana ist die Sangiovese. Auch sie gibt es schon seit etruskischer Zeit. Sangiovese reift spät, ist kräftig rot und recht empfindlich. Deshalb gibt es zahlreiche regionale Unterarten, je nach klimatischen Bedingungen und Bodenbeschaffenheit. Ihre Aromenvielfalt hat sie zur Edel-Rebe erhoben, sie ist nicht nur wichtigste Traube im Chianti, sondern auch maßgebliche Basis des Vino Nobile de Montepulciano. Für den kostbaren Brunello di Montalcino wird sie sogar sortenrein verwendet.

Die Weinanbaugebiete der Toskana unterteilen sich in acht DOCG, also Regionalweine mit kontrollierter und garantierter Ursprungsbezeichnung. Diese Bezeichnung ist noch strenger als die Bezeichnung DOC, die ebenfalls einen geschützten Ursprung kennzeichnet. Im Rahmen der EU-Weinmarktreform wurden die beiden Bezeichnungen 2009 unter der Abkürzung DOP zusammengefasst.

Das hört sich nun alles ziemlich bürokratisch an. Werfen wir also lieber einen Blick auf die einzelnen Regionen und ihre typischen Weine.

Es gibt eine Vielzahl von Weinen in der Toskana, und von so manchem haben Sie vielleicht noch nie gehört. Wer kennt schon Montecucco, Pietraviva oder Bianco di Pitigliano?

Jeder kennt hingegen den Chianti, doch alleine davon gibt es neun verschiedene Unterbereiche. Das Chianti-Gebiet liegt im Herzen der Toskana und erstreckt sich vom Süden der Provinz Florenz über den Nordosten der Provinz Siena bis zum Westen der Provinz Arezzo. Kernland ist das Chianti Classico zwischen den Chianti-Bergen im Osten und dem Val d'Elsa und dem Val di Pesa im Westen. Diese Kernregion hat ihre eigene DOCG-Klassifizierung.

War der Chianti durch billige Massenproduktionen in den Sechziger- und Siebzigerjahren des letzten Jahrhunderts ziemlich in Verruf geraten, so ist er heute dank engagierter Winzer wieder zu einem hervorragenden Rotwein avanciert.

Im Süden der Provinz Siena liegt das Anbaugebiet des Brunello di Montalcino. Der wiederum ist einer der begehrtesten Rotweine ganz Italiens, denn er wird nach strengsten Regeln hergestellt, sortenrein aus der Brunello-Traube, die wiederum eine Spielart der Sangiovese ist. Nicht nur der Ausbau des Brunello ist streng reglementiert, auch der Ertrag pro Hektar Land ist strikt begrenzt. Die Winzer aus der Gegend von Montalcino stellen auch noch den Rosso di Montalcino her, der muss nicht so lange lagern wie ein Brunello und kann daher auch deutlich günstiger verkauft werden. Denn ein hervorragender Brunello erreicht leicht Preise im dreistelligen Bereich.

Nur wenige Kilometer trennen die Weinbauregion Montalcino vom östlich gelegenen Montepulciano. Hier keltert man Vino Nobile, den „vornehmen Wein".

Diesen Namen verdankt der edle Tropfen wohl Papst Paul III., der aus Montepulciano stammte und deshalb seinen päpstlichen Hof ausschließlich mit diesem Wein beliefern ließ. Wie im benachbarten Montalcino gibt es auch in Montepulciano eine Billigvariante, den Rosso di Montepulciano.

Das sind die bekanntesten Rotweine der Toskana, ihr berühmtester Weißwein stammt aus San Gimignano und heißt Vernaccia, genau wie die Rebsorte, aus der er zu neunzig Prozent gekeltert wird. Man trinkt ihn jung, er ist blass goldgelb, mild, süffig und nicht zu teuer.

Montecucco ist eine Weinregion in der Maremma, sie liegt südlich von Montalcino. Hier gibt es Rotwein aus Sangiovese-Trauben und Weißwein aus Vermentino, einer Rebsorte, die einen intensiven, trockenen und leicht bitteren Wein ergibt.

Im Süden der Toskana liegt auch das Weingebiet Morellino di Scansano, die hiesige Variante der Sangiovese-Traube heißt nämlich Morellino. Ihr Rotwein ist rubinrot, duftet nach Blumen und schmeckt trocken und leicht tanninhaltig.

Und dann gibt es noch Carmignano, so heißt das Anbaugebiet der Provinz von Prato im Norden der Toskana. Hier entstehen Rotwein und Rosé, wobei auch dabei die Sangiovese den höchsten Anteil an der Mischung hat.

Aber im DOCG-Gebiet von Carmignano keltert man auch den Dessertwein Vin Santo, eine Spezialität, die aus den luftgetrockneten und teilrosinierten weißen Trauben der Sorten Trebbiano und Malvasia hergestellt wird. Dieser Wein ist meist sehr süß, es gibt aber auch trocken ausgebaute Varianten, die dann so ähnlich wie Sherry schmecken. Traditionell taucht man die toskanischen Cantuccini oder die Biscotti di Prato vor dem Verzehr in Vin Santo. Ein Gläschen Vin Santo passt aber auch hervorragend zu würzigem Käse und ist aus vielen toskanischen Rezepten nicht wegzudenken. Außer im Carmignano wird Vin Santo noch im Val d'Arbia, das zum Anbaugebiet des Brunello gehört, und im Chianti hergestellt. Das sind die DOC-registrierten Anbaugebiete, daneben produziert aber noch so mancher toskanische Winzer seinen eigenen, nicht herkunftsregistrierten Vin Santo.

Bei uns bekommt man Vin Santo meist nur in ausgewählten Fachgeschäften. Vielleicht sollte ich vor meiner Heimreise noch die Stadt Prato besuchen und mich dort mit ein paar Fläschchen Vin Santo eindecken.

Focaccia

Zutaten: *400 g Weizenmehl, 100 g Hartweizengrieß, 1 Pck. frische Hefe, 100 ml Olivenöl, 2 Thymianzweige, 1 Rosmarinzweig, 2 Oreganozweige, 1 El grobes Meersalz, 1 Tl Zucker, 1 Tl Salz*

Zubereitung: *Die Hefe mit dem Zucker in einer Tasse mit einer Gabel verkneten, bis die Hefe flüssig geworden ist. Mehl, Grieß, ca. 70 ml des Olivenöls, 1 Tl Salz und die flüssige Hefe in eine Schüssel geben und miteinander verkneten, dabei so lange lauwarmes Wasser hinzugeben, bis ein geschmeidiger Teig entstanden ist. Noch weitere 5 Minuten lang kräftig durchkneten, dann mit einem Tuch abdecken und 1 Stunde lang an einem warmen Ort gehen lassen.*

Danach noch einmal kräftig durchkneten und einen runden Fladen daraus formen, der auf ein Backblech passt. Das Backblech mit Backpapier auslegen und den Fladen darauf platzieren.

In die Oberfläche des Fladens mit dem Finger etliche Vertiefungen drücken und das restliche Olivenöl dort hineinträufeln.

Thymian, Rosmarin und Oregano von den Stielen lösen und die Blättchen und Nadeln sowie das Meersalz auf dem Fladen verteilen.

Wieder mit einem Tuch abdecken und noch einmal 20 Minuten lang gehen lassen.

Den Backofen auf 220°C vorheizen und den Fladen dann ca. 30 Minuten lang backen, bis die Oberfläche goldbraun ist.

Focaccia genießt man zu Antipasti, zum Wein, zu Käse oder als Brotbeilage zum italienischen Hauptgericht.

Italiens Chinatown – Prato

Ich staune über Prato, eine Stadt, über die ich bisher nur sehr wenig wusste. Prato liegt etwa zwanzig Kilometer nordwestlich von Florenz. Es ist eine alte Stadt, vermutlich siedelten schon die Etrusker hier. Das historische Zentrum liegt hinter mittelalterlichen Mauern und ist zum größten Teil Fußgängerzone. Die alten Gebäude sind sehr gepflegt, prunkvolle Monumente erzählen von einer glanzvollen Vergangenheit. So zum Beispiel der prächtige Dom mit dem Freskenzyklus von Filippo Lippi – einem Sohn der Stadt – oder die Statuen und Reliefs von Donatello. Schicke Bars und Restaurants laden zum Ausgehen ein, noch auffälliger sind aber die vielen Klamottenläden und trendigen Boutiquen. Ganz offensichtlich weiß man hier zu leben!

Tatsächlich weist Prato eine für italienische Verhältnisse fast lächerliche Arbeitslosenquote von gerade mal sieben Prozent auf. Die nach Florenz zweitgrößte Stadt der Toskana boomt, im Gegensatz zum Rest des Landes floriert hier die Wirtschaft. Das beweisen die vielen Luxuskarossen, die man auf den Straßen der Stadt zu sehen bekommt. Wie machen die Leute in Prato das?

Die Antwort haben mir die vielen Bekleidungsgeschäfte der Stadt schon vor die Füße gelegt: Prato ist das Zentrum der italienischen Textilindustrie. Verwundert runzle ich die Stirn. Textilindustrie? Überall in Europa hat doch gerade diese Branche in den letzten Jahrzehnten einen bodenlosen Niedergang erfahren müssen, seit Billigimporte aus Fernost dem hiesigen Schneiderhandwerk den Garaus gemacht haben!

Die Antwort erhalte ich, als ich die Via Pistoiese entlangfahre, die westwärts aus der Stadt hinaus in Richtung Pistoia führt. Mit einem Mal habe ich das Gefühl, schlagartig auf einen anderen Kontinent versetzt worden zu sein. Vielleicht bin ich in ein mysteriöses Wurmloch geraten, und das hat mich von den Straßen der würdevollen toskanischen Stadt unversehens woanders wieder ausgespuckt – und zwar mitten in China!

Schon in den Achtzigerjahren des letzten Jahrhunderts kamen die ersten Chinesen nach Prato. Die hiesigen Textilbetriebe waren meinst winzig kleine Hinterhofschneidereien, die in einer rechtlichen Grauzone arbeiteten. Gerne stellten diese Betriebe billige Schwarzarbeiter aus dem Fernen Osten ein. Die Chinesen waren fleißig, zuverlässig, lieferten gute Arbeit ab und kosteten nur einen Bruchteil dessen, was ihre italienischen Kollegen verlangten. Ja, diese waren sich für viele Arbeiten auch längst zu schade.

Im Laufe der Jahre kamen immer mehr Chinesen nach Prato. Und sie eröffneten ihre eigenen Betriebe, oft, indem sie die Fabrikgebäude ihrer im Zuge des globalen Wettstreits pleitegegangenen italienischen Ex-Arbeitgeber einfach übernahmen. So kommt es, dass heutzutage mehr als fünfzigtausend Chinesen in Prato leben. Genau weiß man das nicht, denn viele sind illegal eingewandert und deshalb nicht registriert. Das mögen noch einmal mehrere zehntausend Chinesen sein.

Es gibt rund 5.000 chinesische Betriebe in Prato, davon 3.600 Kleiderhersteller, zusammen erwirtschaften letztere einen Jahresumsatz von geschätzten 1,5 Milliarden Euro. Sie stellen „Pronto Moda“ her, also billige Klamotten, die dem neusten Modetrend entsprechen, aber sie beliefern auch namhafte Modehäuser und – das ist der neuste Trend – den chinesischen Markt. Denn da gelten Textilien „made in Italy“ als Prestigeobjekte.

Doch was wie ein Märchen aus den Zeiten der Globalisierung klingt, zeigt auf den zweiten Blick seine düsteren Schattenseiten. Die chinesischen Arbeiter schuften in Prato unter ähnlich prekären Bedingungen wie ihre Kollegen in der Heimat. Zentrum der Produktion ist ein großes Industriegebiet im Süden der Stadt, das fest in chinesischer Hand ist und deshalb den Beinamen „Marcolotto“ erhalten hat.

Oft hausen die Chinesen in den gleichen Gebäuden, in denen sie auch ihrer Arbeit nachgehen, die Fenster abgeklebt, damit nachts kein verräterischer Lichtschein nach außen dringen kann. Wie Sklaven schuften sie für manchmal nicht mehr als einen Euro pro Stunde, in einer versteckten Parallelwelt der Illegalität. Genau wie die Stoffe, die sie verarbeiten, wurden sie ins Land geschmuggelt, wobei die chinesische Mafia eine prosperierende Kooperation mit ihren italienischen Kollegen aus der Welt des organisierten Verbrechens eingegangen ist.

Die chinesischen Drahtzieher genießen derweil die Vorzüge des Kapitalismus in vollen Zügen, sie leisteten sich italienische Designerklamotten und deutsche Nobelautos. Um dem Fiskus zu entgehen, schießen neue Mikrounternehmen wie Pilze aus dem Boden, während andere genauso schnell wieder verschwinden. Vor der Unübersichtlichkeit dieses wirren Ameisenhaufens kapitulieren die ohnehin oft nicht übermäßig effizienten italienischen Behörden dann entnervt.

Viele Unternehmen erwirtschaften einen Gutteil ihrer Erlöse, ohne ordnungsgemäß Steuern zu entrichten. Und der Löwenanteil des von den Arbeitern verdienten Geldes wird in die Heimat überwiesen. Bis zu 1,5 Millionen Euro werden Tag für Tag aus Prato nach China transferiert.

Kein Wunder, dass sich Unmut unter der italienischen Bevölkerung der Stadt regt. Man fühlt sich überfremdet, rassistische Ressentiments keimen auf. Die Chinesen wiederum fühlen sich von der italienischen Polizei gegängelt und von den Einheimischen ausgegrenzt. Die Situation scheint ziemlich verfahren zu sein.

Dabei bedienen die verbliebenen italienischen Textilbetriebe Pratos inzwischen eine ganz andere Nische. Sie haben sich auf hochwertige Stoffe und innovative Produkte spezialisiert, und diese werden – dank der guten

Verbindungen nach China – auch zunehmend von Kunden in Fernost nachgefragt. Immerhin gibt es in Prato noch etwa 2.800 Textilunternehmen in italienischer Hand, die an die 20.000 Mitarbeiter beschäftigen und jährlich rund drei Milliarden Euro umsetzen.

Die Textilproduktion hat in Prato eine uralte Tradition. Schon seit dem Mittelalter war die Stadt Zentrum der wollverarbeitenden Industrie. Als neue Maschinen im 19. Jahrhundert die Massenproduktion ermöglichten, zogen Pratos Stoffherstellungsbetriebe zahllose Einwanderer aus dem armen Süden Italiens an. Es erhielt den Beinamen „Lumpenzentrum Europas".

Angesichts dessen erscheint die heutige Entwicklung allerdings nur konsequent.

Faraona Farcita – Gefülltes Perlhuhn

Zutaten für 4 Personen: *1 Perlhuhn mit Innereien, 50 g Parmaschinken, 50 g Salsiccia (italienische Bratwurst), 20 schwarze Oliven, 100 g geriebener Parmesankäse, 1 Ei, 2 Zwiebeln, 4 Knoblauchzehen, 300 ml Weißwein, 150 ml Vin Santo, 4 Blätter Salbei, 8 Wacholderbeeren, 1 Bund Blattpetersilie, 2 Scheiben Weißbrot ohne Rinde, ca. 100 ml Milch, Olivenöl, Pfeffer, Salz*

Zubereitung: *Die Weißbrotscheiben in der Milch einweichen. Das Perlhuhn ausnehmen und waschen. Für die Füllung Herz und Leber klein schneiden, die Hälfte der Oliven kleinhacken, beides in eine Schüssel geben. Petersilienblättchen abzupfen, fein hacken und dazugeben. Den Schinken in kleine Stückchen schneiden und zusammen mit dem aus dem Darm gepressten Inhalt der Salsiccia, dem Parmesankäse und dem Ei ebenfalls in die Schüssel geben. Die Brotscheiben gut auspressen, dazugeben und nun alle Zutaten gründlich miteinander vermengen. Mit Salz und Pfeffer würzen.*

Das Perlhuhn mit Küchenkrepp trockentupfen, ringsum mit Salz und Pfeffer würzen und anschließend die Füllung hineingeben. Die Öffnung mit Küchengarn zunähen.

Den Backofen auf 180°C vorheizen. Zwiebeln schälen und vierteln, die Knoblauchzehen häuten. Das Perlhuhn ringsum mit Olivenöl einpinseln und in eine Auflaufform legen. Zwiebeln, Knoblauch, Oliven, Salbeiblätter und Wacholderbeeren dazulegen und mit dem Wein und dem Vin Santo übergießen. Für 2 ½ Stunden in den Ofen stellen, dabei regelmäßig mit dem Sud übergießen und die Haut mehrfach kurz einstechen. Bei Bedarf etwas Flüssigkeit nachgeben.

Nach Ende der Garzeit das Perlhuhn herausnehmen, die Sauce durch ein Sieb gießen und in eine Sauciere füllen. Die Oliven zum Huhn legen. Das Huhn tranchieren und die Fäden entfernen, die Füllung in Scheiben schneiden und dazu anrichten.

Mit Rosmarinkartoffeln servieren.

Teufelsbrücken und Geisterdörfer – die Garfagnana

Mein Besuch in der Toskana neigt sich langsam dem Ende zu. Bevor ich mich wieder auf die Heimreise ins Bergische Land mache, geht es heute noch in die Garfagnana. Das ist eine Berglandschaft im Norden von Lucca, und sie unterscheidet sich geradezu dramatisch von unserer Hügellandschaft daheim in Deutschland.

Denn die Garfagnana ist natürlich deutlich höher. Es ist eine richtige Gebirgslandschaft mit schroffen Felsen, hohen Gipfeln und tief eingeschnittenen Tälern. Sie liegt zwischen den Apuanischen Alpen im Westen und dem Apennin im Osten und wird vom Flusslauf des Serchio durchzogen.

Vor allen Dingen gibt es hier eines: Wald. Schaut man sich eine Landschaftsaufnahme der Garfagnana an, so sieht man scharf abgegrenzte Bergkämme, von denen sich die Hänge im steilen Winkel abwärts ziehen, und alles ist grün. Fast so, als hätte ein Riese das komplette Gebirge mit grünem Puderzucker überstreut.

Und das zeigt auch schon den zweiten großen Unterschied zu meiner bergischen Heimat: Daheim wechseln sich die Wälder mit Wiesen ab und überall sind Häusern und kleine Dörfer. Die Landschaft ist ziemlich zersiedelt. Doch nicht so in der Garfagnana. Schier endlos gibt es hier nichts als reine Natur. Die wenigen Dörfer liegen ziemlich abgeschieden, deshalb ist das Leben noch ursprünglich und bodenständig, wie es sonst in Westeuropa selten geworden ist.

Die Wälder bestehen aus Steineichen, Pinien und Edelkastanien. Letzteres fand mein Hund gar nicht so lustig, bei unserer Wanderung machten ihm die spitzen Stacheln der überall herumliegenden Kastanienschalen arg zu schaffen. Das war ein Wermutstropfen für ihn, den die unberührte Natur ansonsten wirklich begeistert hat. Im Naturpark dell'Orecchiella in 1.200 Metern Höhe existiert ein ausgeprägtes Wildleben und deshalb entdeckt er überall aufregende Gerüche. Am Himmel kreisen Turmfalken, Bussarde, Sperber und Steinadler, auch gibt es Eulen, Wanderfalken, Wachteln, Rebhühner und viele andere Vogelarten. Die Wälder sind bevölkert von Rehen, Hirschen, Wildschweinen und Mufflons, es gibt Marder, Wiesel, Murmeltiere, Füchse und Wölfe.

Zu den bereits genannten häufigsten Bäumen gesellen sich Bergahorn, Goldregen, Hainbuche, Esche und Birke, außerdem Rottannen, Douglasien, Schwarzkiefern und Lärchen. Im Unterholz wachsen Wacholder, Hartriegel, wilde Rosen, Weißdorn und Rhododendren, es blühen wilde Pfingstrosen, Primeln, Geranien und Purpurenzian.

Hier gibt es weder Autobahnen oder Schnellstraßen noch Industrie. Stattdessen gibt es ein großes Netz von markierten Naturwanderwegen, Herausforderungen für geübte Trekkingwanderer, aber auch anspruchslosere Strecken für Waldspaziergänger. Es gibt Wanderkarten, die Touren mit Übernachtungsmöglichkeiten in Berghütten ausweisen.

Die höchsten Berge sind der Monte Pisano mit 1.947 Metern und der Pania delle Croce mit 1.859 Metern, hier kommen auch Kletterer auf ihre Kosten. Und nicht zuletzt ist die Garfagnana ein Paradies für Reiter und Mountainbiker. Sie ist ein wildromantisches Refugium für jeden, der Naturbegegnungen fern der Alltagshektik sucht. Allerdings ist sie so ziemlich das Gegenteil dessen, was man sich landläufig unter der Toskana vorstellt.

Dennoch gibt es auch in der Garfagnana einige Sightseeing-Highlights. Da ist zum Beispiel die sogenannte „Teufelsbrücke“, der Ponte della Maddalena. Diese Brücke überspannt mit gewagtem Bogen den Serchio in Borgo a Mozzano, 3 Kilometer südlich des alten Thermalbadeortes Bagni di Lucca. Die Bäder von Bagni di Lucca hat übrigens schon Heinrich Heine besucht, herrschaftliche Villen und schöne Gartenanlagen erzählen noch heute von der prunkvollen Geschichte des ehemals mondänen Kurortes in der Garfagnana.

Die Teufelsbrücke ist 95 Meter lang und hat im Hauptbogen eine Spannweite von fast 38 Metern bei immerhin 18,5 Metern Höhe. Ihr Vorläufer entstand im 11. Jahrhundert, die heutige Brücke mit ihrer charakteristischen Form wurde im 13. Jahrhundert gebaut. Aber das war gar nicht so einfach. Der Brückenbaumeister musste feststellen, dass die Konstruktion ungeahnte Schwierigkeiten aufwarf und die termingerechte Fertigstellung des Bauwerks schlicht unmöglich war. Verzweifelt saß er am Flussufer, da erschien der Teufel und schloss einen Pakt mit ihm. Der Teufel würde für seinen Teil die Brücke noch in der gleichen Nacht fertigstellen, im Gegenzug verlangte er die Seele des Ersten, der über die neue Brücke schreiten würde. So hob der Teufel die Brücke mit seiner Gabel an und schuf damit den hochgewölbten Bogen. Doch der Brückenbaumeister war schlau, er hielt am nächsten Morgen alle zurück, die über die neue Brücke gehen wollten, und trieb stattdessen als erstes ein Schwein hinüber. Der Teufel war außer sich vor Wut, sprang von der Brücke in den Fluss und ließ sich nie mehr in der Gegend blicken. So will es jedenfalls die Legende wissen.

Die Grotta del Vento, die „Höhle des Windes", ist eine spektakuläre Tropfsteinhöhle mitten im Nirgendwo der Garfagnana. Die größeren Straßen sind weitab, deshalb erreicht man sie nur auf schmalen, serpentinenreichen Wegen. Sie liegt nördlich des Weilers Fornovolasco, und die etwas mühsamere Anreise wird unterwegs mit spektakulären Panoramen über die Berge und das Meer bis hin zu den vorgelagerten Inseln belohnt. Die 3,5 Kilometer lange Grotte selbst ist mit Zementwegen versehen worden, sodass man sie bequem durchwandern und die fantastischen Stalaktiten und Stalagmiten, die unterirdischen Seen und Flüsse und die prächtigen Sinterkaskaden bewundern kann. Führungen werden auch in deutscher Sprache angeboten.

Mitten in der Garfagnana liegt der Stausee Lago di Vagli, an dem die Dörfer Vagli di Sopra und Vagli di Sotto liegen. Bei niedrigem Wasserstand ragt eine Kirchturmspitze aus dem See heraus, denn als er 1953 angelegt wurde, überflutete er das Dorf Fabbriche di Careggine. In Vagli di Sotto kann man ein Boot leihen und damit zu den Ruinen des Dorfes hinausrudern, die man unter der Wasseroberfläche erspähen kann. Etwa alle zehn Jahre wurde der Stausee wegen Wartungsarbeiten trockengelegt, dabei kam das ganze versunkene Dorf zum Vorschein. Dann wurde es als „paese fantasma“ – als Geisterdorf – zur Touristenattraktion. Zuletzt geschah das 1994, und sehr zum Leidwesen aller Freunde dieses Spektakels wird es sich dank neuer Technologien wohl vorerst nicht wiederholen.

Die Garfagnana ist eine herrliche Naturlandschaft. Und das hat letztendlich auch meinen Hund mit den stachligen Kastanienschalen versöhnt. Die Ursprünglichkeit dieser Region bietet fantastische Gelegenheiten, um zwischen all den Besuchen in den Kunststädten der Toskana einmal ausgedehnt Luft zu holen.

Zuppa di farro della Garfagnana – Zweikornsuppe aus der Garfagnana

Zutaten für 4 Personen: *250 g Zweikorn (auch „Emmer" genannt, ersatzweise Dinkelkörner), 400 g Kartoffeln, 100 g getrocknete weiße Cannellini-Bohnen, 4 Blätter Mangold, 2 Möhren, ¼ Sellerie, 100 g durchwachsener Speck, 2 Zwiebeln, 1 Bund Blattpetersilie, Olivenöl, Pfeffer, Salz*

Zubereitung: *Die Cannellini-Bohnen mindestens vier Stunden lang oder über Nacht in Wasser einweichen.*

Den Speck würfeln. Zwiebel, Sellerie und Möhren schälen bzw. putzen und ebenfalls klein würfeln. Kartoffeln schälen und in etwas größere Würfel schneiden. Die Mangoldblätter waschen und in kleine Streifen schneiden.

In einem Topf etwas Olivenöl erhitzen und den Speck darin scharf anbraten. Dann Zwiebeln, Möhren und Sellerie zugeben und ebenfalls anbraten.

Mit ca. 1-1½ Liter Wasser ablöschen und Zweikorn, die abgetropften Bohnen, Kartoffeln und Mangold hinzugeben. Salzen und pfeffern.

45 Minuten lang kochen lassen. Bei Bedarf noch etwas Wasser nachgeben.

In der Zwischenzeit die Petersilienblättchen abzupfen und klein hacken.

Zum Servieren die Suppe auf Tellern anrichten und mit Olivenöl beträufeln. Zum Schluss jeweils etwas Petersilie darüberstreuen.

Mit frischem Bauernbrot oder Focaccia servieren.

Das Plastik der Renaissance – ein ganz besonderer Gips

Zum Abschied hat Francesca mir eine hübsche Schale geschenkt. Es wirkt fast, als sei sie aus Marmor, aber sie fühlt sich warm und etwas speckig an. Außerdem ist sie recht durchscheinend, fast schon transparent. Stellt man am Abend ein Teelicht hinein, dann leuchtet sie geheimnisvoll. Das Material ist deutlich weicher als Carraramarmor, wenn auch genauso weiß. Es ist Alabaster.

Alabaster ist eine Variante des Minerals Gips. Francesca hat die Schale in Volterra gekauft, denn Volterra ist Italiens Alabasterstadt. In der Umgebung der alten etruskischen Stadt findet man „ovuli" und „arnioni" – Eier und Nieren. Aber die sind nicht essbar, es sind zwischen zwanzig und hundertfünfzig Kilogramm schwere Gebilde aus Calciumsulfat, also Gips.

Früher einmal – vor vielen, vielen Jahrmillionen – befand sich da, wo heute Volterra liegt, ein Meer. Das Meer verdunstete im Laufe der Zeit und schrumpfte dabei zu großen, kalkhaltigen Seen. Dann verdunsteten auch diese Seen – alles im Zeitraum von Millionen von Jahren, versteht sich. Übrig blieb das Calciumsulfat.

Man findet es – zusammengeballt zu Alabaster-Eiern – in Tiefen zwischen einigen wenigen und bis zu dreihundert Metern. Es gibt zahlreiche verschiedene Arten des Volterra-Alabasters, er gilt als wertvollster Alabaster der

Welt. Nirgends sonst ist er so transparent, und nirgends gibt es so zahlreiche unterschiedliche Farbvarianten wie in der Gegend von Volterra. Man baut ihn in großen Gruben meist im Tagebau ab und verarbeitet ihn dann zu dekorativen Gebrauchsgegenständen und Kunstwerken. Alabaster ist weich wie Holz und lässt sich daher gut schnitzen. Selbst feinste Details kann man im Alabaster problemlos darstellen. Allerdings ist er auch weich und witterungsanfällig. Daher kann man Produkte aus Alabaster über längere Zeit nur im Innenbereich verwenden.

Nicht umsonst spricht man von einer „Haut wie Alabaster". Alabaster ist glatt und rein, er fühlt sich warm und sanft an. Deshalb benutzten reiche Ägypterinnen schon vor 4.000 Jahren gemahlenen Alabaster und mischten diesen ihren Salben, Pudern und Cremes bei. Damit eingerieben erhofften sie sich die Übertragung der Eigenschaften des Minerals auf ihre eigene Haut. Die Kosmetika bewahrten sie in Tiegeln auf, die ihrerseits auch aus Alabaster gefertigt waren. Außerdem gab es raffinierte Alabasterlampen, in die Reliefs eingeschnitzt waren, die erst sichtbar wurden, wenn man ein Licht im Inneren der Lampe entzündete. Der ägyptische Alabaster hat allerdings eine andere chemische Zusammensetzung als der weichere und gipshaltigere Alabaster aus Volterra.

Die in der Gegend von Volterra lebenden Etrusker kannten bereits die Vorzüge dieses Materials. Sie fertigten Artefakte wie Urnen und Steinkästchen daraus. Die Römer nutzten den Alabaster dann für Wandverkleidungen, Gefäße und Lampen. Bis ins frühe Mittelalter hinein war das Material geschätzt und begehrt.

Doch dann vergaß man den Alabaster aus unbekannten Gründen. Es dauerte bis zum 16. Jahrhundert, bis man sich eine neue Verwendung einfallen ließ: Dünn geschnitten setzte man ihn als Kirchenfenster ein. Das war nicht sonderlich schwierig, zudem war der Alabaster deutlich günstiger als Glas. Denn flaches, für Fensterscheiben geeignetes Glas herzustellen, war ausgesprochen kompliziert.

Diese Verwendung als billiger Glasersatz war allerdings dem Ruf des Alabasters nicht gerade zuträglich. Außerdem verglich man ihn mit dem harten Carraramarmor, der weiter im Norden abgebaut wurde.

Dagegen fiel der weiche Alabaster natürlich ab, deshalb avancierte er zum minderwertigen Armeleute-Marmor. Man machte schlichte Alltagsgefäße daraus, tauchte man die in siedendes Wasser, so verloren sie den Alabaster-typischen Glanz und sahen wie richtiger Marmor aus.

In Volterra entstand eine Massenproduktion von diesen Haushaltswaren, gefertigt von Handwerkern ohne jede künstlerische Ausbildung. Frauen und Kinder fertigten einfache Perlen aus den Alabasterresten, die als „Volteraner Perlen“ zu Rosenkränzen zusammengereiht wurden. Gehobenen Ansprüchen konnten diese Dinge allerdings nicht genügen. Alabaster hatte den Ruf, wertloses, einfaches Zeug zu sein – das Plastik der Renaissance.

Doch eines Tages erkannte ein Volterraner Adelsmann die Schönheit des Alabasters seiner Heimat. Die Vergeudung des Materials durch unfähige Handwerker betrübte ihn zutiefst. So gründete er eine Schule und holte talentierte Schnitzer aus dem In- und Ausland, die fortan den kunstvollen Umgang mit Alabaster lehrten. Es entstanden wunderschöne Kunstobjekte, die schnell Freunde in aller Welt fanden. In Volterra schossen die Kunstschnitzereibetriebe wie Pilze aus dem Boden.

Und so gibt es hier noch heute zahlreiche Werkstätten und Läden, die alle möglichen Produkte aus Alabaster verkaufen. Darunter ist viel Kitsch, man findet aber auch wunderschöne Stücke. Da gibt es glänzende, transparente Pferdeskulpturen und anmutig fließende Menschengestalten, Vasen mit komplizierten Perforationen, Schachspiele, Teller, Schalen, Schmückkästchen und vieles mehr. Der Alabaster variiert von fast durchsichtigen über weiße, elfenbeinfarbene und gelbe, rötliche, dunkelbraune, grüngraue bis hin zu schwarzen Variationen.

In den Manufakturen sieht man die Handwerker, wie sie mit Hammer und Meißel, Fräsen, Raspeln, Feilen und Schleifpapier ihrer Arbeit nachgehen. Auf Drehscheiben kreisen Alabasterbrocken und erhalten dabei gleichmäßige Rundungen, mit spitzen Werkzeugen werden feinste Muster in das Material geschnitzt. In Volterra existiert die weltweit einzige Kunstschule für Alabasterkunst, und so kommt es, dass nicht nur gefällige Gegenstände für den Massenverkauf und Souvenirs entstehen, sondern auch echte, ausgefallene Kunstwerke.

Für Qualitätsprodukte aus Volterra existiert inzwischen ein eigenes Gütesiegel. Das Projekt „Ecomuseo“ informiert an mehreren Standorten über Abbau und Verarbeitung, neben den Ausstellungsräumen in der Stadt selbst gehört dazu zum Beispiel auch ein unterirdischer Abbauort mit Bergwerksmuseum.

Für die Herstellung der billigsten Souvenirs wird der Alabasterstaub aus den Werkstätten mit Kunstharz vermischt und in Formen gepresst. Dann findet man ihn in Gestalt von unzähligen Musikerbüsten, Miniatur-Davids, Seepferdchen und sonstigem Krimskrams, der für wenige Euro an die Touristen verscherbelt wird. Natürlich gibt es dafür kein Gütesiegel.

Heimlich habe ich meine Alabasterschale etwas genauer inspiziert. Sie ist schlicht und schnörkellos, aber handgeschnitzt. Francesca hat sich nicht lumpen lassen. ;-)

Acciughe sotto pesto – Sardellenfilets in Kräuterpaste

Zutaten für 4 Personen: *200 g Sardellenfilets (in Salz eingelegt), 1 Bund Blattpetersilie, 1 Bund Basilikum, 3 Knoblauchzehen, 2 getrocknete Chilischoten (Peperoncino), Olivenöl, Pfeffer, Salz*

Zubereitung: *Die Sardellenfilets in einem Sieb gut mit Wasser abspülen und danach abtropfen. Mit Küchenkrepp trocken tupfen. Die Filets in 2 Hälften teilen und alle Gräten entfernen.*

Petersilien- und Basilikumblättchen abzupfen und fein hacken. Die Knoblauchzehen schälen und ebenfalls feinhacken. Kräuter und Knoblauch dann in einer Schale mit so viel Olivenöl vermischen, dass eine nicht zu flüssige Paste entsteht. Salzen, pfeffern und die Chilischoten hineinbröseln (danach sofort die Hände waschen!). Gut vermischen.

In eine flache Schale zunächst etwas von der Kräuterpaste geben, dann die Sardellenfilets darauflegen und mit der restlichen Paste bedecken. Anschließend so viel Olivenöl darübergeben, bis die Filets komplett vom Öl bedeckt sind.

Einige Stunden im Kühlschrank durchziehen lassen und mit Salat und Brot, mit Antipasti oder mit Focaccia servieren.

Liebe Leser,

ich hoffe, Ihnen hat unser Ausflug in die Toskana gefallen. Versäumen Sie nicht die Fotos aus der Toskana auf www.almutirmscher.de! Natürlich freue ich mich über Ihre Tipps, Hinweise oder Anregungen und beantworte auch gerne Ihre Fragen. Schreiben Sie mir einfach an ***kontakt@almutirmscher.de****.* *Zum Schluss habe ich noch eine kleine Bitte: Teilen Sie Ihre Eindrücke mit anderen Lesern und schreiben Sie eine kurze Rezension auf amazon.de. Ich freue mich darauf, Ihre Meinung zu erfahren. Vielen Dank und…*

Arrivederci in Toscana!

Ihre
Almut Irmscher

Die Reihe der Lesebücher von Almut Irmscher wird fortgesetzt. Bisher sind erschienen:

Das Italien-Lesebuch:
Impressionen aus dem Land der Sehnsucht
ISBN-10: 1492770221 ISBN-13: 978-1492770220

und der zweite Band:
Das Italien-Lesebuch:
Neue Impressionen aus dem Land der Sehnsucht
ISBN-10: 1495928187 ISBN-13: 978-1495928185

Das Toskana-Lesebuch
Impressionen und Rezepte aus dem Land von Kunst und Genuss
ISBN-10: 1500960519 ISBN-13: 978-1500960513

Das Sizilien-Lesebuch
Impressionen und Rezepte von der Insel der Götter
ISBN-10: 1534689974 ISBN-13: 978- 1534689978

Das Hamburg-Lesebuch
Impressionen und Rezepte aus der Hafenmetropole
ISBN-10: 1514288001 ISBN-13: 978- 1514288009

Das Nordsee-Lesebuch
Impressionen und Rezepte von der deutschen Nordseeküste
ISBN-10: 150880110X ISBN-13: 978-1508801108

Das Ostsee-Lesebuch
Impressionen und Rezepte von der deutschen Ostseeküste
ISBN-10: 1511859997 ISBN-13: 978-1511859998

Das Bayern-Lesebuch
Impressionen und Rezepte aus dem Land südlich des Weißwurst-Äquators
ISBN-10: 1503264750 ISBN-13: 978-1503264755

Das bergische Lesebuch:
Impressionen und Rezepte aus dem Bergischen Land
ISBN-10: 1516835581 ISBN-13: 978- 1516835584

Das Österreich-Lesebuch
Impressionen und Rezepte aus dem Land von Walzertakt und Mozartkugeln ISBN-10: 151888914X ISBN-13: 978-1518889141

Das Schottland-Lesebuch
Impressionen und Rezepte aus Highlands und Lowlands
ISBN-10: 1499608969 ISBN-13: 978-1499608960

und der zweite Band:
Das Schottland-Lesebuch
Impressionen und Rezepte von einer Reise durch das Land der Moore und Mysterien
ISBN-10: 1530766478 ISBN-13: 978-1530766475

Das England-Lesebuch
Impressionen und Rezepte aus dem Land der Traditionen
ISBN-10: 1502714612 ISBN-13: 978-1502714619

Das Cornwall-Lesebuch
Impressionen und Rezepte aus dem Pilcher-Land
ISBN-13: 978-1499155228 ISBN-10: 1499155220

Das Dänemark-Lesebuch:
Impressionen und Rezepte aus dem Land des Glücks
ISBN-10: 1507647336 ISBN-13: 978-1507647332

Das Provence-Lesebuch
Impressionen und Rezepte aus dem Land des Lichts
ISBN-10: 1500305596 ISBN-13: 978-1500305598

Das Rhein-Lesebuch
Impressionen und Rezepte aus Stadt und Land am großen Fluss
ISBN-10: 1523690275 ISBN-13: 978- 1523690275

Romane von Almut Irmscher:

Aus Lippstadt – eine Reise ohne Ziel
ISBN-13: 978-1507786574 ISBN-10: 1507786573

Bunga Bunga - ein wirklich böser Mafia-Roman
ISBN-10: 1496097041 ISBN-13: 978-1496097040

Wie die Libelle in der Wasserwaage - Roman
ISBN-10: 1495437396 ISBN-13: 978-1495437397

Es wird gegessen, was auf den Tisch kommt!
– ein biografischer Roman aus der Küche.
ISBN-10: 1506175171 ISBN-13: 978-1506175171
Alle Bücher sind als Taschenbuch oder zum Download für den Kindle erhältlich.

Aktuelle Informationen zu Neuerscheinungen auf www.almutirmscher.de

Ich danke allen, die mich mit Tipps und Anregungen unterstützt haben.
Besonders danke ich meinem Mann Ulrich Otto, ohne seinen Rat, seine Korrekturen, seine Aufmunterungen und seine ständige Bereitschaft, mir alle Hindernisse aus dem Weg zu räumen, wäre meine Arbeit nicht möglich.
Und natürlich danke ich meiner Freundin Gunhild Hexamer, die die Entstehung meiner Bücher stets engagiert mit ihren Hinweisen, Korrekturen und Anregungen begleitet. Gunhild ist selbst Autorin, wenn Sie sich für Nordamerika interessieren, dann empfehle ich Ihnen ihre Bücher

Gunhild Hexamer - **Arizona erleben:**
33 Geschichten aus dem Land des Grand Canyon
ISBN-10: 1508805911 ISBN-13: 978-1508805915

Gunhild Hexamer - **Kalifornien erleben:**
33 Geschichten aus dem Land der Superlative
ISBN-10: 1530104297 ISBN-13: 978-1530104291

Stichwortverzeichnis

17717750R00127

Printed in Poland
by Amazon Fulfillment
Poland Sp. z o.o., Wrocław